夏季裡過海洋

從地中海的蔚藍找尋靈感、律動與夢想！

來自西班牙設計師手筆的潮牌太陽眼鏡 ESPNER，
結合熱情南歐的斑斕色彩與達利的超現實主義，
以前衛又不失品味的風格，為你創造亮麗與帥氣的出眾魅力！

不論金屬框、膠框，運動風或是時尚都會感，
多樣鏡框與各色鏡片都能滿足你的搭配需求與實用性，
並通過 EU 歐標、FDA 美標、ANSI 澳標、
以及台灣標準 CNS15067 等多項驗證，
讓你的雙眸擁有最安全的保障！

生於奮鬥

RENDY　LU

亞洲球王**盧彥勳**的
20年網球之路

盧彥勳、盧威儒────合著

高啟翔 @ KAOCHISHUN

生於奮鬥

我很喜歡納達爾的一句話，

「也許你現在看我的二十一座大滿貫冠軍是多麼遙不可及與不可能的紀錄，但是在我小時候看到山普拉斯拿十四座的時候，大家也講同樣的話。」

我決定成為職業選手時，很多人也覺得台灣男子選手不可能成功，但我已經打了超過二十年，也寫下許多紀錄，這些紀錄都是為了被超越而存在。

01

第一部
從 0 開始的網球之路

網球每局的記分方法為「0」（love）、「15」（fifteen）、「30」
（thirty）和「40」（forty）。從踏入這領域的開始，在沒有
任何背景與資源下，盧彥勳從「0」開始，也從「愛」啟航，
父母之愛，兄弟之愛！

目錄

02

第二部

拉起夢想的風帆前行

現實的壓力和困境造成盧彥勳的瓶頸。事實上，台灣的運動選手面對的資源不足和不均是常態，幸運的是，盧彥勳遇到了德國的經紀人，在他的帶領和協助下，盧彥勳開闊了視野也衝破了瓶頸！

第三部

下一階段目標的啟航

溫布頓的一戰成名，讓盧彥勳受到前所未有的關注，不只在於台灣，更來自世界！2021 年他第五次代表台灣參加奧運，也在同時宣布他將退役，結束二十年來的世界征戰。但對盧威儒和盧彥勳兄弟倆而言，這將是另一個里程碑的起點，未來，他們將把二十年來的經驗轉化為培育台灣網球選手的養分！

不放棄的堅持與奮鬥

前中央研究院院長 **李遠哲**

　　2010 年溫布頓網球錦標賽進入第二個星期的第一天，我正在巴黎主持國際科學理事會的董事會。在會後的晚餐時，很多位與會的代表都爭先恐後要告訴我，那天打進八強的好手，有一位是從台灣來的，他打敗了世界聞名的安迪・羅迪克。這消息確實讓我非常高興，但也不是那麼驚訝，因為彥勳那時的球技，我認為該有這樣的水準。讓他們更驚訝的是，我不但認識彥勳，也是常跟他一起打網球的好朋友。

　　我認識彥勳，是已故修德國小的林東瀛校長引介的。林校長是一位溫文儒雅、身體壯碩，非常受人尊敬的教育家。他堅信那時正在國中唸書的彥勳是非常有希望，值得培養的一位年輕人，我完全同意他的看法。第一次看到彥勳打球，就很欣賞他打球的精準與攻球的積極性。雖然少了一點

霸氣，但他永不放棄的奮鬥精神，卻是一位出色球員不可或缺的。

在過去這一段彥勳征戰各地的歲月裡，我非常有幸曾經觀賞過彥勳在國際大賽的兩場賽事。

第一次是 2012 年的倫敦奧運，那年我與內人接受奧運主要捐助廠商 ACER 的施振榮董事長之邀，以 VVIP 的貴賓身分觀賞了奧運。

這貴賓（VVIP）最高級的接待是讓人難以忘懷的。從開幕典禮開始，參觀各種賽程都得到最高的禮遇。但我們最感興趣的是在溫布頓球場看彥勳的球賽，他打得非常精彩，雖然最後還是沒能掌握幾個關鍵的球，輸掉了這場比賽，不過我們看到他的奮戰，很受感動。

澳洲公開賽是唯一一個我們參觀過的四大公開賽，那時彥勳是國際網球協會的幹部成員，由於他的推薦，我與內人也被邀請為大會貴賓。大會貴賓可以到選手的餐廳休息區自由走動，便有機會遇到世界最頂尖的男女選手們，對喜歡打網球的我，這確是一個非常難忘的機遇。不過在這次的澳洲公開賽，我也看到彥勳成熟的一面，他與球友們的互動與受到的尊重，讓我特別高興。

對彥勳的成長非常有貢獻的德國籍教練曾對彥勳耳提面命，「打球競逐的歲月是短暫的，但是好好做人卻是一輩子的事」；「先學做人，再學打球」也一樣是修德國小林東瀛校長培養彥勳的教育理念。台大醫學院不也說，「先學做人，再學醫」嗎？彥勳在這方面的成長是令人欣慰的一件事。

2008 年，我曾陪著我太太到高雄看亞洲地區的網球大賽，在開幕典禮上，盧彥勳與謝淑薇兩人拿出了 2007 年亞洲霍普曼盃（Hopman Cup）的優勝獎盃，這是一個很大、很精緻，微帶藍刻畫圖案的玻璃獎盃，是他們

兩個雙打得冠獲取的。他們讓大家欣賞一陣子之後宣布，「這個獎盃要轉送給長期支持網球運動的李院長」。這超美的大獎盃目前陳列在中央研究院的辦公室，每次看到這獎盃，便也想起過去二十年內，陪伴年輕小將們成長的美好。如今，他們在世界各地也打出屬於他們的一片天。

最近我被我太太「封足」，他怕我這老化的「拚命三郎」在球場上摔倒受傷，不過在長夜不知終始之前，我還是常在夢裡揮著球拍，一樣在追球。

彥勳的這本《生於奮鬥》，詳述了他成長的過程，也告訴大家，他就要開始走入「培養下一代」的新生活，希望這本書能鼓舞年輕人，更希望彥勳將啟動的國際網球中心能夠順利成功。

It takes a village to raise a kid.

台杉投資總經理 翁嘉盛

2003 年暑假，我第一次在美國矽谷見到盧彥勳。

　　網球不是我擅長的運動，只有在年輕時打過，因此並沒有特別關注國際職網賽中有哪些年輕新秀。2003 年，我決定從思科十多年的工作生涯提早退休，轉型為專職的天使投資人，提供年輕創業家在資金、公司經營、產品發展等領域的專業建議。那年暑假，有位朋友跟我提到有位從台灣來、很年輕的網球職業選手，要趁著到美國參加賽事時，順便到矽谷舉辦一場募款餐會，地點就選在我和朋友投資的「故鄉台灣料理」。

　　天使投資人常常要接受新創的募款。因此，類似的募款餐會並不陌生。當時雖然我不認識他，但我知道台灣選手征戰國際職業運動賽事，必須克服體型、體力、專業培訓不足等先天及後天的挑戰，職業網球更幾乎

是西方人的天下。我當時想，這位才二十歲的年輕選手，除了天分，更要有極大的勇氣、毅力與決心去拚搏國際職業網球賽事。

那天在現場大約有三十多位的台灣同鄉。彥勳和哥哥威儒一起，我們一群台灣人就在餐廳裡聽著他們準備好的簡報。那時我才知道，這場募款的目的是希望能替彥勳聘請國際教練。因為他從 2001 年正式轉入職業後到 2003 年，都是由哥哥和母親扮演後勤人員，並沒有專業的教練陪著。其中雖然曾經短暫與韓國教練合作，後來也因為贊助商停止贊助而結束。

我出身自基督教家庭。2003 年從思科退休後，除了擔任專職的天使投資人外，另一件想做的事就是傳福音。那天，當我坐在餐廳裡聽彥勳兩兄弟的說明時，兩個年輕人展現的真誠態度及對網球的熱情感動了我。就在那個餐會上，我充分感受到聖經裡教導信徒要愛人如己，並且要彼此相愛如弟兄的意義。

當天我答應他，會和其他的夥伴一起成為他的贊助人，讓他不要擔心聘請教練的費用。同時，我則交待他一個重要的任務。我告訴彥勳，「我不求回報，但期待有一天你要為台灣爭光！」

隨後，我們成立了「矽谷盧彥勳後援會」，我在 2005 年接任會長。彥勳連著幾年都參加聖荷西公開賽，後援會成為他的最佳啦啦隊。之後，我也隨著他征戰了兩次澳洲公開賽、兩次美國公開賽。每次看到他出賽時所展現出從不放棄的運動家精神，都讓我深深感動。

彥勳的職業網球生涯，從來不是一帆風順；兵役、受傷退賽、欠缺完整的後勤團隊及體能訓練與賽事安排，這些都會對職業選手造成心理的壓力及干擾，但他都一一克服，實屬不易。而彥勳決定在退休後，以他的專

業及經驗培訓台灣網球選手，我也會持續支持他，希望能看到更多的台灣優秀選手在未來替台灣發光。

在新創生態圈有一句出自非洲的俗諺：It takes a village to raise a kid. 這是因為非洲要面對各式的天災，孩子要靠部落的力量才能順利成長；這與新創要茁壯亦要接受來自天使、創投到之後 IPO 的持續資金奧援、政策支持、人才等各方面的協助，意義相同。

我想，這句話也適用於彥勳的成長及他現在要做的計畫。讓我們匯集來自各方的眾人之力，共同提升台灣網球的專業環境，讓台灣網球選手亦能在國際賽事發光。

共同為台灣體壇貢獻心力

長庚醫療財團法人董事長 王瑞慧

　　彥勳是連續五屆代表台灣參加奧運的「五朝元老」，也曾締造台灣選手連續七年出賽大滿貫的紀錄，2010年闖進溫布頓公開賽前八強，轉播畫面感動無數國人。他自國小二年級就開始練習網球，十八歲那年正式踏入職業網壇，二十年的職業生涯曾多次受傷，仍堅持奮戰，對網球運動的熱愛和執著，贏得台灣「網球一哥」的稱號。去年東京奧運後，彥勳決定退役、卸下選手身分，並創辦網球學校，募集國內外優秀的教練，傳承網球技巧與經驗，讓更多的台灣年輕選手站上國際網壇。

　　彥勳在國外冬訓，剛好發生手肘不適，進而影響到擊球的精準度，在長庚運動醫學團隊評估下，2015年進行了手肘骨刺清除手術，並在術後接受各項的復健計畫，以最好的狀態回到球場。也因為這樣的機緣，彥勳成為了第一位加入長庚運動醫學照護計畫的選手，並在長庚醫療團隊的照顧

下一直到 2021 年光榮退役。在長庚與彥勳合作的六年時間裡，我們從他身上看到的，不只是球場上的光榮戰績，他正向積極的人生觀與不輕言放棄的毅力，才是能在國際網壇縱橫二十餘年的真正原因。

很高興看到彥勳和威儒兩兄弟的新書出版了，在這本《生於奮鬥》裡，講述了彥勳從過去到現在的奮鬥過程，以及互相扶持的兄弟情誼。讀者可看到一個優秀選手要成功，除了個人投入努力和心血，更要有家庭和社會資源的支持，才能無畏地往前邁進。未來彥勳將在台灣網球教育奉獻傳承，長庚也將結合運動醫療與運動科學，一起培育更多優秀選手，讓他們在世界舞台上發光發熱。

共同品味比賽時的分分秒秒

國立臺灣大學心理學系教授　莊仲仁

　　亞洲球王彥勳跟他一起出國同行、從不分離的兄長威儒，即將以感恩之心出版《生於奮鬥：亞洲球王盧彥勳的 20 年網球之路》，本人受邀撰寫推薦短文，深感榮幸。

　　從他十九歲高三時，我就透過連玉輝教授的引薦，認識彥勳及其家人，不但交情匪淺，而且更成為忘年之交，至今也已經將近二十年之久。能夠和彥勳及其家人結緣是我此生莫大的福氣，也增添了許許多多絢麗的生活色彩。

　　因為我們經常利用臺大的網球場、體育館的重量訓練室，以及心理學系的研究室，來強化種種體能與心智訓練；也利用國外參加職業比賽的空檔，互相交換比賽心得、彼此溝通交流，再三進行心智韌性的重塑歷程。同時，他在國內休息備戰期間，也聘請不少國外的著名技術教練、體能教

練、身體防護師來台指導，讓我有許多交流、觀摩及學習的機會，並瞭解運動處置歷程的種種特性與奧妙。

　　彥勳球王是一位熱愛網球，自我要求與自律性很高的選手，給人留下十分深刻的印象。每天他都依照既定的訓練計畫，徹底執行。我也建議他可以書寫競賽訓練日記，針對每一個競賽進行 SWOT 分析，以瞭解自己與對手的種種強弱、威脅及機會，作為比賽時的參考。同時，也提供「心智韌性自我評估量表」進行自我分析，以強化心智韌性。這類心理處置策略對提升競賽品質不但具有激勵效果，而且對他在台師大運動技術研究所攻讀碩士學位、撰寫碩士論文時也頗有助益。心理學中的心智韌性對球王的生涯似乎是有一些啟發，因為在球場上，甚至人生際遇，非勝即敗，所以如何坦然面對，應該是需要一點韌性與智慧。

　　在彥勳退役之際，他們昆仲採用文字的方式來呈現過去二十多年來，在網球生涯中所接受到的種種協助與支持，以傳達深深的感謝之意，包括啟蒙時期的小學校長、各階段的網球教練、航空公司、企業組織、醫院的運動醫學部門、中央研究院，以及臺灣大學體育室、心理學系及臺大網球隊校友，還有海外僑胞、留學生等等，這些貴人都在合適時間內及時伸出援手，給予鼓勵，讓兩兄弟與家人深感溫馨，且得以安心參賽，發揮潛能，迭創佳績。

　　總而言之，這是一本實實在在、平易近人的感恩回憶錄，本人非常誠摯地推薦給各位喜愛網球的朋友，共同品味比賽時的分分秒秒；也懇請國人同胞關心與支持我國網球的發展，企望在可見的未來能再次產生亞洲球王，甚至催生出世界球王、球后，這是本人最衷心的期盼。

各方推薦語

　　彥勳於奧運賽事退役後，還特別前來感謝長榮航空多年來的支持，其謙虛誠懇的態度令人感動，言談中深刻感受到他對網球的熱愛與堅持，彥勳奮鬥不懈的勵志故事非常值得跟大家分享，在 COVID-19 疫情中，帶給大家另一份充滿希望的溫暖力量。

　　長榮航空很榮幸可以陪伴彥勳及其團隊飛往世界各地征戰，彥勳退休後將根留台灣以提攜後進，我們也會繼續支持盧彥勳國際網球學院，培育更多像彥勳一樣的「台灣之光」登上國際舞台，希望大家跟著彥勳的腳步，一起打造網球夢，讓世界看到發光發熱的台灣。

長榮航空董事長　林寶水

　　與其說這些年來，我照顧過許多運動員，倒不如說我從他們身上學到更多！台灣網球一哥盧彥勳的成長與奮鬥歷程，很榮幸能親身見證，也參與其中。他教會我們堅持與永不放棄！

長庚運動醫學團隊總召　林瀛洲

　　彥勳創下許多台灣男子網壇紀錄，更代表台灣參加五屆奧運，退役後更貢獻專業，創立盧彥勳國際網球學院。此次和哥哥威儒合作出版新書《生於奮鬥》，書中詳述他如何從零開始並逐夢踏實的球壇生涯，相信對所有想要衝破逆境或是更上層樓的讀者，都能有很好的啟發！

立法委員　林宜瑾

各方推薦語

　　從○到五，戰勝安迪・羅迪克（Andy Roddick）的五屆奧運元老盧彥勳（Rendy Lu）是我心中的台灣羅傑・費德勒（Roger Federer）！

桃園市體育發展基金會執行長 馮勝賢

　　因為我本身熱愛網球，對於頂尖的網球選手都會追蹤並瞭解他們成長，並達到生涯顛峰的過程。當威儒到臺大就讀時，有更多機會認識他們兄弟倆，從而更瞭解彥勳因為熱愛網球並成為職業網球選手，兄弟相互扶持的奮鬥過程。

　　他們的成長經驗應是台灣年輕人的典範，如何從語言不通，自學到可用英文侃侃而談，如何從不停的挫折中，能在溫網擊敗美國的羅迪克，達到人生巔峰。彥勳雖是台灣網球一哥，但謙沖自持，照顧其他職業網球選手，進而成為 ATP 網球球員公會的理事，爭取球員福利。

　　台灣在十幾年前對於運動產業並不重視，也無法提供有效的資源給職業運動選手，都只能依賴選手本身的表現爭取資源，在台灣普遍不支持男性職業網球選手的環境下，有賴李遠哲前院長與世界各地熱愛網球的台灣人士積極幫忙，並成立盧彥勳之友會，在盧彥勳征戰世界各國的比賽時打氣加油，彥勳時時掛念過去眾人的協助，退休後積極爭取資源要成立國際網球學校，希望能培植台灣職業網球後進。

　　從這本書可以看到彥勳兄弟許多不為人知的小故事，也能知道彥勳

各方推薦語

如何在父親去世後仍能成為國際知名的球星，他們兄弟的故事值得大家一讀，讓年輕人知道只要抓住方向，好友兄弟陪伴，勇於奮鬥爭取，都有機會邁向成功之路。

國立臺灣大學機械系終身特聘教授 陳炳輝

因熱愛網球運動加入臺大教職員網球隊，和威儒在臺大網球場一起打球多年，看著威儒時刻想著為彥勳找資源的衝勁與自然流露的手足之情，讓我感動。

書裡彥勳將自己進入職網的歷程以閒話家常的方式娓娓道來，從沒有排名，一路拚進世界頂尖選手行列，代表台灣五度征戰奧運，為台灣爭取許多榮耀。隻身出國語言不通、經費不足、旅途過程高潮迭起，都以簡單輕鬆的語調帶過，尤其是在機場出不了海關，心急之下打電話回家和母親分別在電話一頭哭泣，讓我不捨。

退役後的盧彥勳心懷感恩，感謝過去眾多來自台灣的支持，積極在台灣成立國際網球學院，希望能栽培後進，為台灣網球進一份心力。兩兄弟一路扶持奮鬥到今天，為共同的夢想依然堅定地站在一起，令人佩服。這本書說著兩兄弟二十年來的心路歷程，閱讀過程時而讓人微笑，時而讓人眼眶微潤。

運輸安全委員會主任委員 楊宏智

各方推薦語

　　身為彥勳及威儒的好友也是網球愛好者，當有機會聽他們訴說奮鬥故事及場邊軼事時，我總是痴迷，常常同理的隨之情緒起伏，時笑時淚。這麼寶貴如珍珠般的經歷能夠被紀錄成書，一定要好好典藏。而彥勳團隊以自身體驗帶回國內的專業網球選手育成方法，也終於要開始實踐，大展身手，在不久的未來，一定能看到開花結果！

台大耳科主任 楊庭華

我是盧彥勳，
感謝一路走來的大家！

在去年東奧結束後，也正式卸下球員的身分。在職網生涯前前後後經歷的時間，佔據自己人生的一大半，從開始知道自己不是最有天份的那位選手，也沒有太多資源，在大環境的傳統思維之下，加上沒有任何前者經驗可依循的情況下，成為男子職業網壇的開拓者，就和書名一樣《生於奮鬥》。

不管當時是計畫性冒險或是賭徒心態的決定，一頭栽進去後，就只能秉持奮鬥到底的精神走下去，一轉眼就是二十年。當時面對排山倒海而來的壓力，也只能一直往前衝，遇到困難，努力想辦法克服或調整。

狀況好的時候，又希望一股作氣拚下去，幾乎每天不斷面對輸贏壓力、身體傷病和內心起伏。在那段期間，幾乎沒有時間和機會往回看，只有盡力把當下的事情做好，一直到最後一場比賽為止。直到現在才有機會和時間，真正停下來回頭看自己一路以來努力的過程，並整理出來和大家分享。

這是一位和大部分家庭一樣的小孩，在因緣際會下接觸網球這項運動，從漸漸喜歡上它到熱愛它，最後把網球當做自己職業的夢想去努力實現。這夢想的實踐過程導出了家人的支持和犧牲、輸贏的殘酷、經濟壓力和心理的挑戰，也參雜著兄弟間的革命情感，因此以我和哥哥威儒共同回顧的方式寫出這本書。希望藉由這本書讓大家瞭解一位平凡小人物追逐大夢想過程中的點點滴滴，以及一些不為人知的有趣故事，也希望能讓讀者理解一位職業運動員酸甜苦辣的艱辛歷程，還有如何透過跌倒不怕痛，繼續站起來的奮鬥精神堅持下去，並且持續保持對網球的熱忱。

　　我並不想要把過程塑造成神話，或是讓希望自己能成為職業運動員的小孩退卻，相對的，我希望這本書能激勵每位想追求夢想的人，即便會有對自己懷疑或跌倒的時候，爬起來確認目標後繼續努力是唯一的途徑，只有奮鬥才能讓自己的潛力發揮極致。假如我能做到的事情，大家沒有什麼做不到的。

　　在這段旅途中也要感謝很多提攜我的貴人和長輩，如果沒有他們的加入，這段旅途就無法走得這麼長遠和豐富。最後我要感謝我的家人，特別是作者之一的兄長，沒有他兄代父職，場內場外支持著我，犧牲自己的人生規劃協助我達成夢想，也無法和他一起在這邊和大家分享所有的過程，衷心期盼透過本書的分享，除了讓大家瞭解職業網球選手的心路歷程，更希望讓讀者受到激勵，能跟大家共同成長，往自己的領域繼續奮鬥。

我是盧威儒，
Team Lu Forever！

　　2021 年七月，東京奧運，盧彥勳職業生涯最後一場比賽，對上了東京奧運最後的金牌選手，德國的亞歷山大・茲維列夫（Alexander Zverev）落敗。在接受採訪後，回到休息室後，他望著我若有所失地說：「一切都結束了⋯⋯」我拍拍彥勳的肩膀說，「夠了！你的職業生涯夠精彩了！」

　　二十年一眨眼即逝，但其中的酸甜苦辣，只有彥勳、媽媽及我最清楚了。尤其二十年前，當彥勳決定要走職業時，外界大部分都不看好我們，再加上沒有資源、沒有資訊及經驗之下，常有朝不保夕、捉襟見肘的壓力。上帝安排了我們走這一條滿布荊棘的職業網球大道，但也不忘安排了許多的天使，像李院哲院長、翁嘉盛先生、德克・霍爾多夫（Dirk Hordorff）等許許多多幫助過我們的長輩朋友們，帶領著我們兄弟突破重重難關，朝著夢想前進。

　　盧彥勳也從沒有世界排名，變成台灣球王，成為亞洲球王，站穩在世界前百大。雖然盧彥勳的成就，永遠比不上像費德勒、諾瓦克・喬科維奇

（Novak Djokovic）、拉斐爾・納達爾（Rafael Nadal）、安迪・穆雷（Andy Murray）等世界球王，但他在球場上的拚戰到最後一分的精神，獲得大家的尊敬。也因為如此，盧彥勳獲選為 ATP 的球員代表，參與 ATP 國際會議，除了為球員爭取更多的權利外，也清楚瞭解到國際職業網球運作的模式和問題，開擴了自己的人脈和視野。

接下來，彥勳希望將這些經驗和國際網壇的人脈，藉由設立盧彥勳國際網球學院的方式，傳承給新一代的選手，幫助他們免去自己曾經犯過的錯誤，更有效率及機會在國際舞台上發光發熱。

我是盧彥勳的哥哥，也是他這二十年來最緊密的團隊及戰友。盧彥勳的第一場職業賽是 2000 年暑假，在印尼的未來賽，是由我帶他去參賽的；而二十年後，盧彥勳的最後一場職業賽事東京奧運，我也在現場見證了歷史，我對我兄弟的職業網球生涯也算是有始有終，應該對天上的父親有交待了。

這二十幾年來，我放掉自己原本的規劃，全心陪盧彥勳走這條職業網球路，專心扮演行政後勤的工作。在二十年前，台灣熱愛網球者多麼希望有來自台灣的男子選手能代表台灣站上四大賽的舞台，和這些所謂的世界名將對戰，但這是多麼遙不可及的夢想。在盧彥勳及團隊努力不懈之下，盧彥勳完成了我們的夢想，代表台灣站上世界最頂尖的網球舞台和這些世界名將拚戰，甚至擊敗了世界名將。

我們經歷的這一段，必將是我們這一輩子最值得回憶的其中一段。我感到非常光榮，因為我也是這個團隊的一員！Team Lu Forever ！

心懷感恩，回饋己力

　　代表國家打東京奧運，做為職業生涯的最後一場賽事，是非常有意義且光榮的事情。當下，我回顧二十年職業生涯中的每一場比賽與點點滴滴，無論勝負，背後都有許多朋友、長輩的提攜與協助，才支持我走到這一天。

　　若回到最初的機緣，應該是在修德國小時期，當時若不是林東瀛校長熱心推廣網球運動，我與家人也不會有機會接觸到網球運動，除了哥哥威儒是修德國小第一屆網球隊的隊員，我也在小學二年級就參加網球隊。

　　小時候和哥哥最快樂的事，就是放學後留在學校打球玩耍直到天黑，假日整天全家都泡在網球場上，網球成為我們一家人生活的重心。

　　林東瀛校長前後在光榮國小、修德國小及麗園國小，培養出國內許多網球好手，較遺憾的是他曾希望能到英國倫敦看我打溫布頓公開賽，可惜未能如願就因心肌梗塞而驟然離世了。也因為林校長的關係，讓我們在1999 年修德國小的球敍中，認識了當時中央研究院的李遠哲院長。

　　當年剛從美國回來的李院長因為中研院的網球場未完工，每個星期固定會來修德國小打網球。有一天他忽然問林校長有沒有較有潛力的網球選手，他願意幫忙協助，為台灣網球盡一份力。

林校長第一時間就想到了我，並要父親帶著哥哥跟我回修德國小和李院長球敍。平常只能在電視上看到這位諾貝爾獎的得主，那時我們第一次見到李院長，即興奮又緊張，哥哥甚至在球敍中緊張到扭傷腳，但還是硬撐完全場。但李院長不管是在場內、場外，都非常和藹可親，完全沒有架子，那次的見面不止拉近了我們跟李院長的距離，也讓我們對李院長更加崇敬。

　　李院長初期幫我們找了長榮航空的贊助，讓我在最後一年的青少年比賽中少了許多經費上的負擔。2000 年年底爸爸因心肌梗塞過世，讓我陷入是否轉進職業網球的抉擇。李院長聽聞後，馬上透過林校長表達關切，並希望我繼續往職業網球的夢想前進，不要埋沒自己的潛力，資金方面，他會幫忙想辦法。當時他的鼎力相助，為我對征戰職業網壇注入了一劑強心針。後來哥哥也因緣際會的進到中研院資訊所工作，直到 2010 年才離開。

　　因為院長和哥哥的關係，許多中研院網球隊師長非常支持我，像統計所所長陳君厚教授、資訊所副所長何建明教授、公共事務組梁啟銘主任、植物所趙淑妙教授等。在幾次重要關鍵時刻，這些中研院的師長總是挺身而出，為我們兄弟出謀劃策甚至出錢出力，陪我們突破重重難關，看著我們兄弟成長。對我們而言，中研院網球隊就像我們另外一個家，這些師長就像我們的父執輩親人，充滿了溫馨和回憶。

　　我轉入職業網球的前十年，大約百分之九十以上的經費支持都是李院長靠他的人脈幫我找到的，包含早期的台灣大哥大、中國石油，以及後來的中華電信，甚至在 2008 年北京奧運前，院長還特地透過關係，找到義美、奧斯卡建設、宏益紡織等企業家贊助我們幾位選手，讓我們能努力爭取奧運的參賽資格。

　　除了經費上的支持，院長更時時關心我們。記得 2009 年我在德國的旅

館房間遭竊，被偷走三千歐元。院長夫人得知後，還特別打越洋電話安慰我。

隨著我的職業生涯接近尾聲，院長及夫人跟幾位中研院的師長，也曾經在 2017 年來澳洲公開賽看我比賽，李院長甚至進來澳網球場，如同家人般陪同我和哥哥的訓練。

我們全家真的非常感謝院長及中研院師長這二十幾年來的幫忙和關心，對我和哥哥來說，大家是我們亦父亦師的人生導師。

連哥（連玉輝）是支撐我繼續走向職業網壇的關鍵人物。除了青少年期間就擔任我的教練外，記得父親過世後的一個月，我非常沮喪，甚至想放棄網球，但隔年一月我就要去打澳網青少年賽。連哥看到我的情況，不但一直在身邊鼓勵我，還毫不考慮地表示，「我陪 Rendy 去打澳網青少年。」即使當時他的孩子才剛出世又逢農曆新年，他依然選擇陪伴我！

由於連哥的緣故，雖然我不是臺大的學生，卻對臺大有非常深刻的情感連結，在我打球的歲月中，大概有超過一半的時間都在臺大訓練，也可以說這片校園孕育了我的職業生涯。

非常感謝臺大體育室歷屆主任都協助我在硬體設備和場館上的使用，也遇到很多熱心與喜愛網球的教授們，他們看見我們在訓練過程中的艱苦，也通過人脈關係替我找尋各種資源。當我在球場上練球或者在做重量訓練時，都可以感受到師長、同學們對我的支持和鼓勵。

臺大莊仲仁教授也是我的心理後盾，從青少年起就關切我的情緒問題，也在我低潮時，協助我覺察自己的問題，甚至在幾次重要的關鍵時刻，包含大賽、開刀時，莊老師也都陪伴在我身旁，2013 年他更介紹了台大心理系吳英璋教授協助我度過內心的困頓。

後來哥哥威儒在 2010 年就讀臺大資工博士班，在球場上也結識了許多臺大教授醫生朋友，他們也經常支援我們，包含運安會主委楊宏智教授、臺大機械系陳炳輝教授、台大醫院耳科楊庭華主任、台大眼科蕭奕善醫師、敏盛醫院吳立民副院長等。記得在 2017 年，我在臺大體育館舉起三太子盃的冠軍獎盃時非常高興，因為我終於能以行動回饋這個校園對我無條件的支持。

　　在職業網球生涯中，讓我能更上一層樓的貴人，就是我的德國教練與經紀人德克・霍爾多夫，他讓我真正打開眼界，看見什麼是職業與專業，指點我的球技，帶著我訓練，並且在受傷時為我安排醫生與復健，也在人生道路上給我許多建議，十多年來，我們彼此間建立了如兄如父的情感，是非常難得的緣分。

　　在海外比賽時，最感動的是海外同胞對我的支持，其中特別感謝矽谷灣區盧彥勳後援會的翁嘉盛、莊寬裕、楊啟航、莊景森、陳濟堂、徐正賢等長輩，尤其在那個特別辛苦的時候，他們願意在海外支持我這位來自台灣的選手，真的倍感溫暖。

　　後期到美國紐約參加美網時，又有蘇春槐提供房子給我們住，還有黃文局、紐約台灣基督教會賴懿文牧師、李煦煦牧師娘、洪彰隆、鄭信男、許伯丞、王偉成、陳威等的幫忙；溫布頓公開賽時，黃俊銘在英國倫敦的協助，還有張右峻、阮信傑、胡昌智等；參加澳洲公開賽，在墨爾本時，鄭逸達、許芝芝夫婦的支持；辛辛那提的蔡伯雨、林秀霞；洛杉磯的曾傳倫等，各位熱情朋友的接待，都是我的職業生涯中最美好的回憶。此外，每次大賽中從各地而來的留學生，像是台灣加油隊的李昆霖等，當大家拿

著台灣的國旗到現場為我加油吶喊時，我的心中更是激動無比。

當然，我也要感謝許多企業家的支持，包含太平洋網球基金會、中國石油、長榮航空公司、中華電信呂學錦董事長、趨勢科技創辦人張明正及陳怡蓁夫婦、長庚醫療財團法人董事長王瑞慧及長庚運動醫學團隊、尚上科技詹元成董事長、義美高志明總經理、奧斯卡建設吳劍森董事長、宏益紡織陳宏正副董事長等。畢竟職業網球這條路所需的經費不低，即使我的團隊陣容並不大，但要不是這些朋友的支持以及企業的贊助，我也無法歷經五屆奧運，為職業生涯畫下沒有遺憾的句點。

感謝這一路走來支持我的人，接下來我將心懷感恩，將我取之於社會的能量加上自己的經驗，為台灣培養更多的網球人才。

網球每局的記分方法为「0」（love）、「15」
（fifteen）、「30」（thirty）和「40」（forty）。
從踏入這領域開始，在沒有任何背景與資源
下，盧彥勳從「0」開始，也從「愛」啟航，
父母之愛，兄弟之愛！

01

從 0 開始的網球之路

攝影@高啟舜 KAOCHISHUN

司令台上
揮拍打網球的小孩

> 小時候我很皮，想要打球又不想撿球，
> 所以最喜歡在司令台對著三面白牆揮拍擊球，
> 因為球被牆面彈過來打過去，幾乎不用撿球，非常方便。

　　現在回想起來，走上職業網球選手的生涯並不在爸媽原訂的計畫中，辛苦從屏東北漂到台北工作的他們，因為家庭因素沒辦法念太多書，便希望我和哥哥能夠好好讀書，才不會像他們這麼辛苦。

　　即便如此，爸媽並不排斥我們多運動，因為他們念書時也都是體育好手，爸爸學生時期的專長是田徑，媽媽則是排球校隊，我和哥哥都很好動、運動細胞不錯，應該也跟遺傳有關。

　　在台灣網球界，通常都是父親打網球，子女在耳濡目染下接觸到網球後，父親就成為子女的啟蒙教練。不同於這種狀況，我是因為大我四歲的哥哥成為網球隊的一員，才開始接觸網球。

　　我哥是修德國小第一屆的網球校隊，爸爸每天下午帶著幼稚園的我去看哥哥練球時，一旁的我就會撿撿球，或是拿起球拍學哥哥的樣子。進入小學，下課後看哥哥打球的次數越來越頻繁，我便常跟在一旁拿起球拍對著牆面打球。小時候我很皮，想要打球又不想撿球，所以最喜歡在司令台

對著三面白牆揮拍擊球，因為球被牆面彈過來打過去，幾乎不用撿球，非常方便，但網球隊的老師看到我就頭痛，因為我總把白牆打出滿滿的球印。

國小二年級某一天，網球隊老師問我，「你有沒有興趣參加網球隊？」就這樣，我跨級成為了修德國小的網球校隊，因為四年級才能選拔網球隊，而且要經過體能測驗，但當時我才二年級就「破格」成為其中的一員。

家庭號牛奶和夜市大牛排補營養

我的爸媽都不高大，據說爺爺那一輩的身材卻是高大的，從小身材圓圓小小的我，就連手指也短短小小，哥哥則是又瘦又長。為了幫我們補充營養，爸爸每天下午都拿著兩大桶的家庭號牛奶來學校給我和哥哥喝，假日又

圖1.全家福拍攝於新公園。當時盧彥勳是幼稚園中班、哥哥威儒是三年級，那一年暑假父親在台大醫院開刀，因此全家常在新公園玩。
圖2.盧彥勳生日到照相館拍照留念。國小前，每逢生日，爸媽都會帶兄弟倆去照相館拍照片，這是從小就有的慣例。

帶我們到夜市吃牛排，希望我們能多補充蛋白質，長高長壯點！

我和哥哥參加網球校隊後，爸媽也一起加入打球的行列，他們邊看我們打球邊學，網球很快就成為全家的共同運動。有時我們一家四口還會分成兩組打雙打，經常從下午打球打到晚餐時間就買便當回家一起吃，再繼續聊關於網球的事情。有四大公開轉播賽時，更是一家四口坐在電視機前看得目不轉睛，可以說全家人都瘋狂迷上網球！

爸爸曾說，他國中時看人家打網球很羨慕，出社會後，半工半讀存了一筆錢買了第一支網球拍，但當時他不會打，只能沒事到附近球場看別人打，再找機會對著牆壁打幾球過過乾癮。即便我們經過無數次搬家，爸爸都不捨得丟掉那支網球拍，因此爸爸突然過世後，那支球拍就成為我們全家最珍貴的紀念品之一。

■ 盧彥勳參加全國十二歲組排名賽後回到學校的團體照。

圖 1. 第一屆四維學童盃在修德國小舉辦，盧彥勳
拿下單打冠軍。
圖 2. 盧彥勳四年級和六年級學長一起參加團體賽
獲獎後，全體選手和林東瀛校長合照。
圖 3. 盧彥勳五年級和六年級學長合力拿下修德國
小校史上第一座中正盃團體賽冠軍，中正盃在當時
是非常重要的比賽之一。
圖 4. 盧彥勳小學畢業前和自己隊友以及班上同學
的合照。

父親為我製作的第一座獎盃

剛開始打球時，用自己的力量操控網球讓我覺得很有成就感。但我從小就很在意輸贏，參加了比賽就希望能獲獎，特別是能拿回獎盃！家裡櫥櫃滿滿的獎盃都是哥哥打球贏來的，讓我很羨慕，我也希望有自己的獎盃！

升上三年級後，老師覺得我學得很快，就讓我跟六年級學長同一隊，代表學校去比賽。四年級時，終於有機會打進四強，我心想總算可以擁有一座獎盃了，沒料到主辦單位卻表示因為經費有限，只有冠亞軍有獎盃。

回家路上，我要賴地躺在車子後座，一邊哭一邊鬧著，「我要獎盃」。為了安慰我，爸爸就說其實是獎盃還沒做好，過兩天他們就會補發。沒想到的是，為了不讓我失望，爸爸打電話去問主辦單位獎盃在哪裡做的，然後同樣去訂製了一個，一個星期後，我就收到所謂的「主辦單位補發的獎盃」，這是我的第一座「爸爸牌」獎盃。

讓人又好氣又好笑的弟弟

彥勳從小就很好強又不服輸，小時候只要他想要什麼東西，就一定要得到。打球也是一樣，練球時如果有十顆球，前面九顆都打得很順，最後一顆沒打好，他就會很生氣，摔拍、大哭、樣樣都來，有時還會氣上一整天。那時如果我跟他一起打球，為了怕他哭，就會故意讓他。因為他只要贏了，就笑嘻嘻得很開心，一輸了可就天翻地覆，連我爸媽都拿他沒辦法。

出國比賽拿回雙料冠軍

國際網球總會寄了一封邀請函過來，
大意是我因為在東亞三站中的表現優異，
獲得國際網總十四歲歐選賽邀請，
到歐洲進行為期五個星期的訓練。

準備念國中時，爸媽希望我們專注在學業上，因此哥哥國中時就放棄網球專心唸書，爸媽則希望我念私立學校，但我想去碧華國中繼續打球，便用絕食抗議的手段表達自己的堅持，雖然後來得償宿願，爸媽讓我就讀碧華國中繼續打球，但交換條件就是課業成績要維持一定水準，因此我也花了很多時間把課業部分做好，達成父母的期待。

國中初期我的功課還不錯，但球場成績就不怎麼出色。為了提升網球技巧，透過我同學吳信緯的爸爸認識了曾全國排名第一的選手連玉輝（連哥），希望請他收我們兩個為徒。

當時連哥剛進臺大教書比較忙，而且他也從沒收過學生，便婉謝了爸爸的要求。不過爸爸不死心，一再去拜託他幫忙，請託很久他才答應，後來連哥與我們就像家人一樣親密。

那時周末假日我們會到臺大練習，有時會與校隊進行友誼賽，我輸了球會忍不住亂打、發脾氣，連哥認為這會影響我在球場上的表現，便找心理系莊仲仁教授開導我。當時莊老師帶我去永康街的咖啡店，非常有耐心

圖 1. 盧彥勳參加 ITF 隊去歐洲巡迴賽的團隊照。
圖 2. 在歐洲巡迴賽的比賽空檔去觀光。
圖 3.1997 年參加亞洲巡迴賽獲得冠軍
圖 4. 代表台灣去廣島參加世界青少年團體賽。

WELCOME ALL PARTICIPANTS AND COACHES
6TH ITF EAST ASIAN CIRCUIT 14 & UNDER PLAYERS 1997
8-22 MARCH 97
CHIANGMAI THAILAND

地引導我找出自己為什麼會有那些情緒反應，慢慢地透過聊天疏導我。在他的指導下，雖然我有感到自己慢慢在調整，卻非一蹴可幾，直到成為職業選手後，「情緒」依然是我的一大課題。

被連哥收留後，我的網球成績果真慢慢進步，透過比賽排進全國前三名，還有機會出國參加東亞青少年排名賽。家裡的人都沒有太多出國經驗，知道我有這個機會都很高興。爸媽完全沒有叮嚀我怎樣打球，只跟我說，「出國好好去玩，多照一點照片回來給我們看。」

當時第一名是王宇佐，我排名第二，第三名是另一位選手。一到泰國清邁，我和第三名的選手除了打球外，就是開心地玩，看到紀念品就買，跟其他國家選手語言不通，也玩在一起。

相較於王宇佐，因為他爸爸對他寄望很大，壓力便比我們大很多，也不知道是不是就因為如此，他反而在八強就輸掉了。沒想到的是，心情輕鬆愉悅、到處玩的我，上場後勢如破竹，最後竟拿了雙料冠軍，積分還是所有單打選手中最高的。

這場比賽讓我爸很訝異，並意識到我可能有打網球的天分，覺得似乎應該讓我有更多更好的機會努力看看。

隻身赴歐，陷入語言不通的窘境

泰國清邁之行一個月後，國際網球總會（International Tennis Federation，ITF）寄了一封邀請函給我，大意是我因為在東亞青少年排名賽中的優異表現，獲得國際網總十四歲歐選賽的邀請，將與東亞前幾名的選手組成團隊，到歐洲進行為期五個星期的訓練，但必須單獨前往，不能有任何家屬跟教練陪同。

沒想到第一次出國是跟團去清邁,第二次就要我一個人挑戰歐洲之旅,實在太不可思議。連哥、幾位網球前輩都認為這是很好又難得的機會鼓勵我參加,爸媽聽了他們的建議後說,「你就去吧,去歐洲好好玩,多照點照片回來。」當時我心裡想,「你們都沒去過,什麼東西都不知道,就說這是很好的機會。」我那時很擔心,因為英文也不好,怎麼一個人去!

　　出發當天,我拿著護照和 ITF 寄來一本厚厚的機票去機場櫃檯,爸媽特別提醒航空公司我只有十四歲,也不會講英文,到了當地,希望那裡的地勤人員協助我出關。但我不是直飛,要到曼谷轉機到阿姆斯特丹,所以在曼谷時還有人協助,但到了阿姆斯特丹的機場時,由於英文不好,下飛機後,只好拿著以前最流行的電子辭典快譯通,看到不懂的英文字就查。可是快譯通只能查單字,沒辦法翻譯整句英文,因此當我把看到的整句英文打上去,機器顯示「查無此字」時,我立刻就慌了。

　　搞不清楚往哪走的我,只要看到 Passport Control,就覺得是出境口,就跟著別人過去,把護照給海關,海關人員跟我講了幾句我聽不懂的英文,就把護照還給我,要我離開。我不信邪,繞了一圈又去,但他就是不讓我過去。我毫無頭緒地在那層樓走了一個多小時,只好打電話回家求助,結果我媽接起電話聽完就開始哭,我也跟著哭。

　　此時,有一個同班飛機上的亞洲人走過我身邊,我趕緊跟我媽說看到認識的人,就掛了電話走過去,用破爛的英文問他,「Can you speak Chinese?」對方似乎知道我是台灣人,就用中文跟我對談,並帶我到出關的地方。

　　出關後,所有人都在大廳等我,甚至班機時間比我晚的人都到了,我只好很不好意思的笑著說,「I Lost, I Lost.」還好教練沒有責罵我。現在回想起來,那真是我人生最大的「恥辱」。

用洗澡水泡麵吃的克難

在那五個星期中，球打得並不好，雖然當時我在亞洲算是名列前茅，但到歐洲站在球場上面對西方人，我卻會害怕，而且他們大多打紅土，我卻很少練紅土場地，滑步技巧跟他們相比有很大的落差。

球打不好是小事，生活上無法適應才是大事。在五個星期中，有三個星期我住在寄宿家庭，其他是住 YMCA 學生宿舍。吃飯是我覺得最辛苦的部分。住寄宿家庭時，只是想問晚上有什麼可以吃，我就要花三十分鐘按快譯通才知道怎麼問。

寄宿家庭會把早餐放在桌上，但全是冰的，有時是穀麥片，跟台灣甜甜的玉米片完全不同，我邊吃邊想，「這不是鳥在吃的嗎？」麵包也不是軟的，像是一塊很硬的餅乾夾著起士。雖然現在我很喜歡這樣的早餐，但當時才十四、五歲的我，完全無法接受。

此外，在外面點餐時，大家拿起菜單都看得津津有味，只有我看得一堆問號，只好每天猜一個，但連披薩都可以點到我最討厭的沙丁魚口味，教練雙眼盯著我，又不能不吃完，只能硬塞硬吃，簡直折磨自己。點錯東西又沒吃飽，晚上很快就肚子餓了！還好我媽讓我帶著鋼杯可以泡麵吃，但我不知道怎跟住宿家庭的爸媽要熱開水，只好把浴室的熱水開到最熱來泡麵，泡了十五分鐘都還是硬的……，當時只想趕緊回家。

終於行程結束回到台灣，我爸在機場接我後的第一件事情，就是帶我到臺大公館那裡的川菜館吃一頓，只要點幾道菜，白飯就能吃到飽，那餐我就吃了五碗白飯，以前不敢吃的青菜，像青椒、茄子、苦瓜，都覺得無比好吃。

圖 1. 參加歐洲巡迴賽時，第一次到荷蘭參觀荷蘭風車。
圖 2. 歐洲巡迴賽時，在英文不通的情況下，當時這位韓國選手是盧彥勳最要好的朋友。

威儒 Talks

單獨出國的勇氣

　　家中之前很少有機會出國，老爸這輩子努力賺錢養我們，唯一一次出國，竟然是他過世前跟盧彥勳去印尼比賽兩個多星期。回來沒多久，他就驟然離世了，這一直是我們家最大的遺憾。以前爸爸總是捨不得出國玩，總是說等他退休再陪彥勳去比賽，結果就再也沒機會了。

　　我高中畢業剛上大學時，非常羨慕盧彥勳在國高中就有那麼多機會出國比賽，我連一次出國的機會都沒有。拜託爸爸後，爸爸答應讓我大一暑假，去美國夏威夷找盧彥勳建中的學長蘇威宇大哥，但前提是所有手續都要我自己辦，不能跟團。

　　我想那是爸爸給我的一個考驗，即便我已經上大學，第一次坐國際飛機、入美國海關，還是非常緊張，更何況只有十四歲的盧彥勳，英文不認識幾個，就這樣一個人到歐洲待了五、六個星期，想一想還真的很佩服我老弟。

父親驟逝的自責和遺憾

> 我不禁自責，若沒有打網球，
> 會不會讓爸爸有更多休息時間，
> 也許他的身體就不會有這樣的狀況。

那趟歐洲之旅對我有很深的影響，例如改變了我挑食的習慣、覺得英文一定要好好地學；更重要的是，讓我知道人外有人，天外有天。

1997 年，我進入建國中學並開始打 ITF 青少年巡迴賽，1998 年底，我獲得第一座 ITF 青少年單打冠軍。由於經濟因素，想要打球的我只能盡力爭取 ITF 排名，透過國際網總的安排出去比賽，畢竟出國一趟，機票、吃住都要近二十萬台幣的費用，對我家而言是非常大的負擔。我當時成績不錯，所以每次都會被錄取，跟著團隊參加美網、英網、法網，幾乎所有十六歲以下的比賽都參加過。

我非常渴望進步，只要出國就四處觀察健身房設備或者他們的選手如何練習，並用紙

■（右一）盧爸爸盧裴源；（右二）盧彥勳；（左二）盧威儒；（左一）盧媽媽許素芬。在盧爸爸過世前幾個月的全家照。

筆記錄下來。這種方式很不科學，但在沒有資源的情況下，我就只能這樣做。把資訊抄回來後，我就會問連哥或者跟他一起研究，看能不能從中抓出什麼訣竅。

在青少年時，我曾排名亞洲第一，世界前三，爸爸看我的成績不錯，覺得說不定可以拚拚看往職業發展，便四處打聽相關事情，希望能幫我提早規劃高中以後的路。因此在他去世當天早上，還去林口國體與校長商議我未來入學的事情，依然在為我奔波。

突如其來的噩耗衝擊

爸媽是做活雞販售的中盤商生意，工作時間在半夜，清晨才能回家休息，我下午要練球，因此爸爸有時只睡四個小時，中午就起床陪我到球場自主訓練，假日也陪我到臺大練習，但他從來不介入我的訓練，只是在旁邊陪伴。

爸爸過世時，我正在美國參加比賽，接到這個消息，我完全無法接受，還記得前一天在第一站的第一場輸球時，我打電話回家，爸爸還安慰我，「沒有關係，你就當作熱身，下個比賽再開始。」他的聲音依然還在我耳邊迴響，總是關懷、鼓勵，希望我放鬆心情去打，但隔天竟然收到他突然過世的消息！我當時無法繼續比賽，甚至有一段時間都無法再拿起球拍。

爸爸在我網球生命中扮演非常重要的角色，雖然沒有在技術層面直接影響我，但他花費許多精力和時間陪伴我。所以我不禁自責，若沒有打網球，會不會讓爸爸有更多休息時間，也許他的身體就不會有這樣的狀況。既然打網球的精神支柱已經消失，我就不想拿起球拍，也不想再打球。

那時我拖著欲振乏力的心情勉強打完台維斯盃選拔賽，但依然無法振

作，眼看著一月又即將要打澳網青少年賽，連哥看到我的情況，義無反顧陪我去澳洲比賽。當時連哥的小孩才出生，而且正逢一家大小團聚在一起的農曆春節。那段期間真的要感謝連哥一直拉著我、鼓勵我，讓我回到球場。也因為大家的幫忙和鼓勵，我最終從網球中找到力量，當我回想跟爸爸談話的內容，漸漸從自責想放棄的心態，轉換成想去拚一下，迎向挑戰，才能真的回報他為我付出的心力，我告訴自己不但要繼續奮鬥，還要讓他為我感到驕傲。

■ 歐洲巡迴賽後的觀光行程。

威儒
Talks

建中時代，夢想起飛

盧彥勳從建中畢業後，除了有幾次來建中借球場外，我很少再回到建中校園。

事實上，彥勳就讀建中的三年期間，對我也充滿回憶。我大二、大三時，老爸都會要求我晚上八、九點開車去接建中下課的盧彥勳和吳信緯回三重。

那時我還很不平衡了一陣子，為什麼我的大學生活得每天卡一件事，就是去接送他們下課。其實我爸是心疼彥勳他們白天練球太累，晚上還要上課，要我去接他們回來可以節省時間，讓他們能充分休息。

以前彥勳練球時，只要沒事，爸媽都會坐在建中球場後面的椅子看他練球，當時連哥、莊老師已經開始協助彥勳，有時也會過來看他的狀況，建中可以說是彥勳夢想起飛的地方。

選擇成為職業選手之路

> 當父親過世讓我們全家措手不及時，
> 在悲傷過後，
> 最終也成為我選擇走上職業球涯的主要原因。

考慮是否要走職業這條路，應該是在我十七歲時，因為在青少年成績的表現非常好，當下讓我有「可以努力試看看」的念頭，畢竟台灣還沒有一年比賽三十個星期的職業選手。

不過當時對於未來是否確定打職業網球，或者如何進行等問題，我並沒有一個明確而清楚的想法，只是單純地想把每場球打好。其他事情多半都是讓父親和家人處理，那時跟我們關係很密切的連哥也給我們一些建議，但都沒有真正深入討論。只是還來不及釐清，父親就發生事情了。

從小跟爸媽一起在電視機前看大滿貫時，我可以看出爸爸注視場上選手的羨慕與崇拜神情，當我開始在網球比賽中獲得不錯的成績後，我就曾在心中默許「我也要拚到可以打四大賽，進到一百名」。當父親過世讓我們全家措手不及時，在悲傷過後，最終也成為我選擇走上職業球涯的主要原因。

貴人相助成為定心丸

在我爸過世前，他有幫我計畫幾個方向，一是靠世界青少年排名

去美國申請獎學金，參加國家大學體育協會（National Collegiate Athletic Association，NCAA）的比賽。可是當時我們的資訊不多，我爸過世後，不確定的因素太多，我們就放棄這條路、不敢走。後來我哥才發現，如果當時做這個選擇，以我的資歷一定可以進去許多名校，像是史丹福大學，而且會有全額獎學金。

第二個選擇是進臺大，由於我有許多優秀的國際賽成績，可以直接甄審保送進臺大就讀，但臺大課業很重，我不太可能有時間能繼續進行職業選手這條路。

第三個就是直接進國立體育學院。最後我們選擇國體，因為只有國體

■ 2000 年十月，盧彥勳在日本大阪的世界超級青少年網球錦標賽（World Super Junior Tennis Championships）拿下亞軍。這個賽事是 ITF 青少年組 Grade A 的比賽，跟四大公開賽的積分一樣，盧彥勳也因此 ITF 青少年排名來到世界第三。冠軍是瑞典的約阿希姆·約翰松（Joachim Johansson），曾是 2004 年美國公開賽四強，世界排名最高第九名。

提供彈性修讀的制度，讓我能夠出國回來再跟老師補課，把學分補上。這樣我不但可以成為職業選手，也能繼續完成學業。

在爸爸突然發生意外前，他從來沒有很明確表示希望我怎麼做，但我知道他希望我能挑戰職業網球，為了不讓他失望，往職業網球選手的方向邁進成為我的目標。

當時中研院的李院長和修德國小林東瀛校長也不斷跟我們說，「盧彥勳有潛力可以挑戰職業，希望家裡能全力支持他。」並表示他們會幫忙經濟上的問題。

後來，李院長幫我們找到了孫道存先生，讓台灣大哥大贊助了我們兩年的經費，長榮航空也贊助我們一年的機票，這些資金減緩了我們那時面對的一些經濟壓力，為我邁向職業選手這條路前進打了一劑強心針。於是，在 2001 年初，高三下學期，我選擇成為一名職業網球選手。

獨排眾議的向前邁步

事實上，當下大部分人對於我要成為職業選手的想法並不看好，都覺得很瘋狂，當時網球協會有些前輩說，「好好的路不走，打什麼職業賽！男子網球選手還是去讀大學，出來當個老師或教練就好了。」但父親過世前對我的期許，還有李院長他們對我的支持和重視，在我心裡佔有的分量不是一般人可以理解跟感受的，我也很自豪自己當時並未退縮，而是接受了這個挑戰。

雖然那時我對「職業選手」的定義並不很清楚，單純就是希望能爭取到職業排名，再盡可能把自己的世界排名往上提升，但如何真的變成一個職業選手，例如如何訓練、安排賽事、安排練習以及建立團隊等都很模

糊。後來透過像連哥這些前輩的過往經驗才慢慢理解，原來他們參加職業賽只是為了爭取排名，代表國家參加亞運、世大運、亞洲盃、台維斯盃等比賽，並非全職的職業選手，因此他們也不瞭解真正的職業選手要有哪些條件，直到我實際踏入職業選手的生涯後，才開始摸索並慢慢地瞭解。

要有機會讓彥勳挑戰職業賽

在盧彥勳之前，沒有任何男子選手打職業賽，我們對於「職業選手」的定義很糢糊，不知道怎麼樣才算成功。當時台灣最好的選手是來自印尼的華僑林秉超，他最好的世界單打排名是兩百四十名。彥勳的教練連玉輝曾經是台灣球王，稱霸台灣十年，那時他的世界最高排名是五百二十七名。

當時普遍的氛圍認為，台灣男子選手不可能打職業賽，甚至我聽老一輩說，台灣有一陣子很瘋網球，一些公家機關或者企業會花錢請世界名將來台灣做表演賽，最早的偶像伊凡‧藍道（Ivan Lendl）、約翰‧馬克安諾（John McEnroe）等，都曾經到中泰賓館比賽過，台灣的名將當時都去跟他們比賽，但都被慘電。因此老一輩認為男生的實力跟世界網壇的實力相差太大，我們那時便是面臨這樣的氛圍和不被看好。

不過我爸的想法則是彥勳的世界排名那麼前面，代表有機會挑戰職業賽，當時檯面上的那些名將，像是羅傑‧費德勒 、安迪‧羅迪克等，他們在世界青少年時期的比賽都是在前十名。所以他才會覺得，是不是有機會讓盧彥勳試試看，便開始四處奔波打聽未來要怎樣走，才能讓他順利成為一名職業選手。

未知領域的荊棘之路

花了十多萬出國，能否打到還要看運氣，
簡直就像在賭博。若是一點帳面上的成績都沒有，
只好安慰自己，就當作出國跟外國選手練練球。

2001 年初，我跟著鄭為仁、蔡佳諺、張文龍一起到日本打未來賽，那是我爸過世後第一次出去打職業賽。我心想若能跟有經驗的前輩一起去，便不用完全自己摸索，像怎樣搭車到目的地等事情也有人可以商量，但即使如此，剛開始還是遇到許多問題。

要拿下職業生涯第一分，或者在 ATP 職業排名上有自己的名字，相信現在很多年輕選手也在努力中，過程並不簡單。但當時絕對比現在更難，就連報名都要摸索，不像現在有網站可查詢資訊，還有懶人包可以一目瞭然。二十年前，我們只能請教曾經參與過的人怎麼報名。那時我哥幫忙處理這些行政非常苦惱，因為以前報名不像現在，報名網站登入後，在想要的比賽報名填選資料即可完成。

在那個網路不發達的時代，首先必須打傳真電話按照「英文語音」的提示取得比賽的資訊填報名表，報名表填妥再傳真過去。報名截止後，要再打傳真電話按「英文語音」的提示印出參賽名單。這些過程不只考驗我哥的英文聽力，也花了許多國際電話的費用。

在訓練方面，真正的職業選手到底怎樣做？我們也是滿頭問號！連哥

說，他們之前會去打職業賽、爭取職業排名，都是希望能有參賽亞奧運的資格，甚至取得種子序，但他們並沒有像職業選手一樣，一年十二個月都為了職業賽安排行程，特別在男子選手上完全沒有這樣的前例，所以我們必須自己嘗試。在這樣的狀況下，我只好先出去參加比賽。

出征日本一無所獲

當時我完全沒有世界排名，便要從 ITF 未來賽的會外賽打起，但那時亞洲辦最多未來賽的就是日本，一開始也只能就近參加日本的未來賽。但如果報名的人很多，就要看台灣國內排名或者抽籤，由於日本本地的選手就不少，出發前我便有心理準備，可能有一半的機率打不到，結果去了三站，果真有兩站沒有打到。

眾所皆知，日本的消費水準比台灣高，花了十多萬出國，能否打到還要看運氣，簡直就像在賭博，一點帳面上的成績都沒有，只好安慰自己，就當作出國跟日本選手練練球。那三個星期雖然累積了新的經驗，但仍然不夠充實，當下我想若有個人協助我，應該可以讓我有更多訓練的機會或者尋求更好的安排。

聘請教練至昆明卻意外受傷

從日本回國之後，我和媽媽、哥哥開了個家庭會議達成一個共識：若要拚，除了努力，還要找到正確的方式。當時報了四月在昆明的比賽，之前都是單打獨鬥，最多是哥哥陪我練球，雖然有時會找連哥，但他當時是臺大的體育老師，不可能天天陪著我練球，都要星期六、日，或者他晚上

訓練校隊的時候，我們很清楚這是不夠的，覺得應該要請一位專職教練，連哥便推薦之前帶過他的韓國教練黃文哲。

於是我們就請黃文哲暫時當我的教練兩個星期，請他幫我準備昆明的比賽，也藉此機會確認彼此是否適合。於是，黃教練帶著我、我的同學吳信緯一起練球，剛開始在配合上都不錯，我很積極地照著他的編排和方式訓練，希望能更提升球技。

在昆明的比賽同樣要從會外賽打起，教練非常嚴格，一打完就檢討，檢討完又立刻練習，前兩輪都打得很順利，只要再贏一輪，我就可以進到會內賽，而最後一輪比賽的對手是我在青少年賽時常遇到的，從沒有輸過他，因此我心裡很篤定，認為自己絕對勝券在握！

沒想到天不從人願！比賽前一天，大家照常留下做一些體能訓練，當時教練設計了一組類似殺球的動作，要我們往前做急截動作後，他會往後拋一顆底線球，我們就要往後退並凌空接球。我跟信緯輪流一人做一次，他接完就換我接。有次輪到他時，他漏接，那顆球就往球場裡面跑，信緯移動到我後方要撿球，教練沒有注意到信緯跑過來，我則是背對著往後退，更看不到信緯，因此當我往後退跳起來接球並落地時，剛好踩到信緯的腳，我整個腳踝被拗到，立刻腫起來。

那時比賽已經結束，大會的防護員都回旅館休息，當下沒有辦法找到人做緊急處理，我連路都沒有辦法走，還好有工作人員幫忙找來一台搬貨的推車，兩個人把我抬上推車推出場外後，叫計程車到當地醫院照 X 光。

那家醫院的設備很老舊，X 光台是木頭做的，連要拿到冰塊冰敷也費了一番功夫，我的腳踝因為內出血腫得像麵龜一樣，後來回到台灣去醫院就診時，竟在腫脹中抽出了一管積血，由於當時沒有緊急處理好，花了兩個半月的時間才消腫。剛起步就跌倒，導致我那段時期不但心情低落，也非

常無助。

遠征土耳其的第一分

　　兩個半月後，腳慢慢復原了，漸漸加強訓練，但不舒服的感覺還是存在，無法像以前那樣自然地做各種動作，深怕一個不小心又受傷，以致練球也很保守，放不開。連哥跟我說，「你不能夠等到百分之百康復，也許會覺得有些心理障礙，但你可以正常訓練，其實就能去比賽。」他覺得我應該要出國試試看，至少把比賽的感覺找回來，而且在台灣訓練沒有進步的話，倒不如出國跟國外的選手對打，也算是種練習。無論是比賽的刺激或換個環境與心情，都比在台灣好一些。

　　於是我和信緯兩個人搭飛機到人生地不熟的土耳其，或許那時沒什麼期待，只是想藉由改變環境、實際比賽來調整狀況，所以心情十分輕鬆，在腳傷的情況下，從會外賽打進會內賽，第一輪就遇到俄羅斯選手，卻打到比數滿接近，最後打了三盤獲勝。勝利的當下很興奮，覺得上帝可能在捉弄我，準備好時讓我扭到腳，「跛腳」時卻可以拿到第一分。這是我在職業賽場會內賽上的第一勝，拿到職業積分並有了職業排名：一千三百四十名，終於可以大聲說我是職業選手了！

　　到了第二輪，我對上世界排名三百左右的以色列台維斯盃代表，雖然實力相差很大，最後輸了，但我也跟他打了三盤，這三盤讓我覺得即便是受傷的狀態，自己也有跟這些優秀選手抗衡的能耐，這個感受讓我失去的自信心又回來了，土耳其之行好像黑暗中的一道強烈曙光，照亮我原本懷疑的前方道路。

層出不窮的狀況與挑戰

2000 年整個社會面臨亞洲金融危機，很多產業都泡沫化，企業贊助減少很多。我聽連哥說，他以前與愛迪達的代理商合作，一個月有約六萬台幣的營養金，但是 2000 年我開始幫盧彥勳找贊助時，即便他的排名在全國第一、第二，贊助廠商一年最多也只能提供十五、二十萬。

不過職業比賽非常燒錢，教練、機票、食宿等都是花費，年初去日本毫無收穫；請了教練又受了傷，還要休息三個月，後來和教練的合作也因故結束。當下的反應是「哇靠，到底是發生什麼事？」怎麼會這樣屋漏偏逢連夜雨，最倒楣的事情都發生，但我們又不能等，當時若沒有很想要拚一把的心，根本撐不下去。

當年五月王宇佐就拿到一場未來賽冠軍，七月時，他的世界排名已經到五百零六，進度超前盧彥勳很多。我後來想，也許是他在前面，讓我們有一股要追過他的動力，不甘心放棄，才有最後的成就。

2001 年決定轉職業的這一年。除了為拚一口氣外，最重要支持我們決定嘗試職業的因素，就是李遠哲院長幫我們跟當時台灣大哥大的孫道存先生聯繫，希望他能夠支持盧彥勳，在那一筆經費的支援之下，我們才能有資源走向職業。

世大運銅牌帶來的信心

> 可以代表國家是一種榮耀，
> 若是表現好拿到獎牌，還能獲得國光獎章，
> 對我這種資源匱乏的運動選手很重要。

土耳其拿到第一分回來之後，我從建中畢業，準備去讀國立體育學院（現國立體育大學），若以正常的程序來看，應該是九月註冊，但當時我接到國體通知，希望我馬上去註冊，這樣就有資格參加那一年暑假的世界大學運動會。

高雄未來賽的挫折

在去世大運之前，高雄從七月三十日起連續兩個星期舉辦兩站最低等級的未來賽，台灣約十年沒有舉辦過職業賽，一次就舉辦了兩個未來賽。當時我是台灣單打第二的選手，網球協會給了我兩張外卡，那應該是我進入職業後，在台灣唯一拿過的兩張外卡。

那時我剛從土耳其拿了一分回來，十分期待這場比賽，覺得是可以大展身手的機會，也很有自信。但因為如此，壓力很大，得失心也很重，第一站輸給以色列選手，第二站又輸給大會第二種子、韓國的李承勳，感

到很挫折，覺得現實並沒有符合預期的想像，多少的努力都累積不到第二分。當時所有資源與目光都在王宇佐身上，讓我感到職業賽離自己似乎很遠。不過即便如此，我還是跟著代表隊去北京參加世大運，而那又是一場對我影響深遠的比賽。

嚮往成為國手的榮耀

從小就常看見新聞媒體上關於國手們打台維斯盃、亞運、奧運的報導，一直都期望自己有朝一日也可以成為國手。對我而言，可以代表國家是一種榮耀，若是表現好拿獎牌，還能獲得國光獎章，對我這種資源匱乏的運動選手很重要。

到北京參加世界大學運動會的代表隊中，男女各有四個選手，但大家都不看好男生，因為台灣之前都是靠女子選手奪牌，像是王思婷和美籍華裔的李慧芝，男子只有印尼華裔的林秉超曾經拿過單打銅牌，再來就是連玉輝配王思婷拿過混雙的銀牌。所以，我還記得教練團跟男生說，以參加為目的配合女生隊練球就好，他們在意的是女生一定要準備好，能以最佳狀態出賽。

在北京比賽，無論語言或飲食生活都跟平常習慣雷同，我當時年紀還小，又是第一次代表國家參加大型運動會十分興奮，可以遇到很多選手也是很好的體驗，外界對我們這些男生也沒有期待，加上我才在高雄兩站未來賽中鎩羽而歸，對自己也沒有抱太大希望，便以一種很輕鬆的心態應戰，沒想到卻打出好成績，甚至贏了地主隊的台維斯杯代表張宇，最後拿到男子單打銅牌，而李慧芝則贏得女子單打銀牌。

當時台灣土生土長的男子選手能在世大運單打奪牌的少之又少，這次

■ 2001 年北京世界大學運動會，在賽前不被看好的情況之下，盧彥勳一路過關斬將，拿下男子單打的銅牌。

奪牌對我來講是新的體驗與轉折，雖然沒有職業積分，但在過程中也擊敗了幾位亞洲優秀的選手，重新找回在球場的信心，更清楚要用什麼樣的心態面對未來；也清楚自己或許無法一次到位，但絕對可以一步步踏實完成。

未來應該有機會吧！

　　盧彥勳算是台灣第一位拿到世大運男子單打銅牌的選手，當時《民生報》等主要報紙都大幅報導。雖然教練出發前跟盧彥勳說男生去玩玩就好，但回來之後馬上改口，「我就覺得盧彥勳有機會，他只是缺了經驗……」

　　一般人可能不知道，世界大學運動會比較像世界各國大學生間聯誼性質的比賽，其他國家的最頂尖選手並不會參加，不過台灣為了要奪牌，就會把最好的選手推出去，因為我們要在亞奧運拿牌比較難，但在世大運就可以跟國人講我們奪牌了。二十年前，台灣的男子選手要在世大運拿到獎牌滿困難的，所以盧彥勳這面銅牌讓我們看到未來好像有一點曙光出現，當時我心想已經倒楣大半年，終於出現好成績，非常開心！對我們來說是非常大的激勵。

患難與共的兄弟之情

有一天沒有比賽，我們搭車去一間豬排店，
一份餐一千五百日圓，但白飯吃到飽，
所以那天我和哥哥把飯加了醬油，不客氣地拚命吃飯吃到飽。

高雄未來賽的挫敗和經驗讓哥哥認為不能再靠我單槍匹馬的應戰，無論時間或金錢都在浪費。他跟我和媽媽説，「我剛畢業，工作以後還可以再找，但若現在沒有協助彥勳達成目標，我們以後會後悔。」所以，我們決定兄弟倆一起拚，他成為我的兼任教練、陪練員、行政後勤，一人擔任了好幾個角色，有時甚至還要包辦洗衣服、按摩的工作。

重新組隊，前往日本追未來

2001 年九月初，我跟哥哥還有吳信緯三個人到日本參加柏市（KASHIWA）未來賽，想靠未來賽慢慢地累積積分。

因為已經有一分的積分，這次確定一定可以打會外賽。只是沒想到這第一站有諸多的意外。首先就是遇到颱風來襲，原本我們還幻想著如果颱風到星期日還沒離開，資格賽取消之後，排到前六種子的選手應該可以直接進入會內賽。沒想到星期日早上還風雨交加，一到中午颱風就遠離，因此當天下午就打了兩場資格賽，星期一早上又一場，連續打贏三場後，我終於進入

會內賽，第一輪打敗了法蘭克·莫瑟（Frank Moser），一直到八強才輸給澳洲選手艾緒利·福特（Ashley Ford）；雙打則與韓國選手金閔尚（Min-Sang Kim）搭配打入四強。就在我們比賽的同時，美國發生了 911 事件。

原本打完這一站，我們就要前往黎巴嫩參加台維斯盃，但當地被美國視為恐怖組織之一，基於安全問題，我們放棄了參賽，臨時繼續留在日本又打了兩站未來賽。第二站則到了千葉，打進單打十六強又輸給了福特，之後的一年跟他對上四次，最後一次還起衝突，差點打起來。

與前輩搭檔雙打，受益良多

後來兩站的雙打令我記憶猶新。在千葉時，日本選手高田充（Mitsuru Takada）詢問我是否願意跟他搭配雙打時，我很意外，因為他算是連玉輝那個時期的選手，那場球已經是他的職業賽尾聲。我想應該是我以前在日本的青少年國際賽中打得不錯，像是大阪市長盃 A 級賽事（Osaka A 級）、亞洲杯、東京青少年公開賽，幾乎都進入四強甚至決賽，他對我有印象，當然我在柏市也有不錯的表現，他們也在現場。

高田充當時雙打排名在五百左右，而我雙打排名是一千一百八十八名，當時他是我參與雙打賽事以來，搭配的選手中排名最高的。他應該是臨時決定參賽的，要不然以他這個排名，稍找好一點選手的搭配，應該都可以排上種子的位置。但不論原因是什麼，對當時的我來講，只要排名比自己高的選手找我搭配，都是求之不得的機會，也是對自己的一種肯定。

在賽前，我跟他說，其實我滿緊張的，因為你的排名比我高很多，我只是個無名小卒，他鼓勵我，「站在球場上，大家都有機會，你不該想自己沒有這個能力，只要盡力打就好。」整場比賽中，他一直不斷鼓勵我，

他有時打得不理想，我也會安慰他，彼此互動都非常好，最後我們在四強輸給近藤大生（Hiroki Kondo）與鈴木貴男（Takao Suzuki）的搭配。

當時近藤大生是日本的青少年第一，是當紅的選手，日本所有的資源、關注、贊助，全都投在他身上，當下對照自己也是亞洲青少年第一，跟他相較，獲得的資源與關注簡直沒得比，十分羨慕。至於鈴木貴男更是當時的亞洲網壇明星，一個原本只能在雜誌中看見的選手，我居然可以在球場與他對戰，更是不可思議。

高田充退役後成為日本國家隊教練，每次在球場遇到他帶選手出來比賽，彼此都還會聊到這段往事，我覺得這就是職業生涯中非常值得回味的時刻。

第三站我們到川口市，那次的雙打搭配另外一個留日選手陳威儒到八強，第一輪沒想到又擊敗了德國選手莫瑟，這次賽後他竟然請裁判長問我，之後有沒有機會可以跟他搭配雙打。

這三場打下來得到很多積分，對我是一個很大的突破，而且一分分在精進。

拮据卻容易滿足的旅程

那時剛參加小比賽有很多狀況和讓我印象深刻的事情。除了什麼東西都要自己準備，包含水、毛巾等，另外像我們的旅館是在柏市的市中心附近，要練球的球場卻非常偏僻，必須自己搭公車花費三、四十分鐘才能到達。

那時如果跟當地的日本人講英文，對方都會閃躲，好在他們看得懂些漢字，我們便把漢字拿給司機看，請他到的時候叫我們下車，我記得下車的地方是一個神社，再往後走還要穿過一個墓園才能到球場。

行程因為911事件多了兩個星期，但我們只準備了一個星期的現金，只好跟學長陳威儒借錢，吃飯都找最便宜的店，所以後來有人說我們在日本都吃吉野家，那是因為吉野家最便宜。

　　第一個星期我們真的幾乎每天都吃吉野家，後來為了能吃些青菜，也會去吃中華料理，但我和哥哥一個人的一頓餐費不能超過一千兩百日圓。記得在千葉時，有一天沒有比賽，我們搭車去一間豬排店，一份餐要一千五百日圓，但白飯吃到飽，所以那天我和哥哥把飯加了醬油，不客氣地拚命吃飯吃到飽。

圖1. 2001年九月份日本三站的未來賽，盧威儒帶著，盧彥勳、盧彥勳的同學吳信緯，三個人互相扶持，為了省錢，吃遍了吉野家便當店。

圖2. 即將退休的高田充（Mitsuru Takada），主動來找盧彥勳搭配雙打，在千葉未來賽中，一路打到四強，才輸給日本名將——玲木貴男及近騰大生。 盧彥勳和高田充一直維持友好的關係，近幾年高田充是日本國家隊教練，經由高田充的安排，盧彥勳常在大比賽中和日本選手一起練球。

圖3. 未來賽中，幾個跟我們比較友善的球員。包含左一，是一開始拒絕我邀請和盧彥勳配雙打的法蘭克·莫瑟。盧彥勳後方則是瑞士的馬修·阿姆格維德（Matthieu Amgwerd），和彥勳一起在北京世大運拿到男單的銅牌；左二是德國的貝內迪克特·史壯克（Benedikt Stronk），他在香港未來賽和盧彥勳配雙打，差一點和澳球選手福特及多梅尼克·馬拉菲奧特（Domenic Marafiote）打架。中間最矮的是美國選手傑若米·班門（Jeremy Berman）。這裡面的選手除了盧彥勳和莫塞外，大部分在打完未來賽階段，就再也沒看過了！

當時對於練球的想法是，只要比人家勤勞、比人家訓練久一點，就有機會贏，因此每天我們幾乎是最早到球場，早上比完賽，下午我會在球場繼續練球，每天用大會提供的三個球練習。到了第三個星期，裁判長發現我們的狀況，便把我們叫過去，從後車廂抽了幾筒球送給我們，才解除每天拿押金用舊球換新球的窘境。

不打不相識的緣分

雖然是我帶彥勳去比賽，但我也是第一次去日本，誰都不認識，為了幫他創造更多比賽的機會，我必須厚著臉皮，一個個問場邊練習的選手，「要不要跟我弟弟雙打？」

第一個我詢問的選手就是莫瑟，但賽制的規則使他想找排名更高的人，他就婉拒了我。但沒想到盧彥勳打到會內賽後，第一輪就抽到他，更沒想到的是，彥勳竟把他打下來；到了第三站的雙打，彥勳他們又贏了莫瑟的雙打組合，所以我們彼此印象很深刻，後來他還跟盧彥勳搭配過，並成為很好的朋友，可以說是不打不相識。

第一站的雙打打到四強的故事也很有趣，當時我東問西問想要找雙打的搭配選手，有個韓國選手跟我們說，「我們一起去試試，能打就打。」這位韓國選手之前也沒打過什麼職業賽，排名也很低。反正我也找不到人跟彥勳搭配，就跟他合作了，沒想到一路打到四強，大家都傻眼。

這位韓國選手超級開心，那天晚上還請我們吃飯，一起用拍立得拍照，留下珍貴的回憶。不過那次比賽之後，我們就再也沒看過他。幾年後我們去韓國比賽，他出現在會場問我們，「你們還記不記得我，我們那一年在日本一起打到四強。」一聊之下才知道，他已經不打網球，現在是高爾夫球選手了。

在香港打出
第一個未來賽單打冠軍

第三輪我又擊敗了德國選手伯納德·帕倫，
四強時擊敗了美國的選手艾歷克斯·維特，
最終在決賽打敗了彼得·漢多約，獲得冠軍。

2001 年十月，我們自日本三站回台灣後，又接著到香港打兩站的未來賽，這次兩站都一路從會外賽順利打進會內賽。

第一站的會內賽在第一輪就打贏香港排名第一的唐敏聰，曾聽連哥說唐敏聰是香港最強的單打選手。到了第二輪，又碰到澳洲隊大魔王福特，這是我們從日本以來，第三度在單打中跟他相遇，但這次終於在這個三盤大戰中打敗他。

苦盡甘來得到的冠軍

到香港比賽初期，我感到自己的狀況很好，這是一場場比賽累積出的實力，最關鍵的還是在於第二輪跟福特的對戰。在日本時，不管單打或雙打，我都輸給他，而香港這戰終於打敗他，對我有非常大的鼓舞作用。

不過跟福特的比賽除了累積出來的實力外，也運用了一些心理戰。之前覺得他的排名比較前面，實力有些差距，還沒打就覺得自己差了一截。但經過兩場比賽，我已經熟悉他的球路，當時我和哥哥談到很多西方選手到亞洲打球，脾氣都控制得不好，若能緊追他，讓他煩躁，或許就會影響他的表現

有了篤定的策略後，我在場上就只專注於打好每一次的球，即使丟分還是繼續咬緊，告訴自己還有機會，果然福特耐不住性子生氣，讓我有拿下這場勝利的機會。

打下福特的那場比賽，可以說突破了最困難的障礙，讓我好像吃了大力丸，在場上的氣勢跟信心也相對提升，進而影響到之後遇到強勁的對手，我仍然能很篤定，不慌不忙，因為覺得最難的山頭都過了，沒有什麼可以影響自己了！

因此，第三輪我又擊敗了德國選手伯納德‧帕倫（Bernard Parun），四強時擊敗了美國的選手艾歷克斯‧維特（Alex Witt），最終在決賽打敗了彼得‧漢多約（Peter Handoyo），獲得冠軍。雖然花不到一年的時間拿到第一個單打未來賽冠軍，但這過程卻是艱辛無比。也因為這次在香港的成果，讓我更確認自己未來可以在職業賽中打出成績，也不致辜負我哥為我做的決定與犧牲。

拿下第一站的冠軍後，到了第二站十六強時，我甚至擊敗當時的第一種子道格‧博哈博伊（Doug Bohaboy），但那時去香港簽證只有十四天的效期，我從會外賽開始打，即將超過十四天了，所以贏了博哈博伊後，我們直接到碼頭搭船去澳門，準備出關後馬上入境香港，再取得十四天的簽證。可是搭船一來一往的大概花了四個小時，路途上也十分顛簸，加上沒有充分休息，第二天就輸掉比賽。不過，也因為這兩場比賽打到一個冠

軍，一個八強，所以排名上升到六百一十四名。

與王宇佐在職業賽事上交手

香港未來賽之後，我們剛好碰到橫濱的挑戰賽，與未來賽屬於不同等級，是比較高等級的賽事，我們想去試試看，於是決定回到台灣休息一、兩個星期後前往橫濱。

當時雖然有六百一十四名的排名，但還是要從會外賽開始打。我過關斬將一直到會外賽的最後一輪碰到了王宇佐，我以一比六、四比六落敗，這是我進入 ITF 職業賽後，第一次和王宇佐交手。

之後經過一個星期的訓練，我先前往泰國芭達雅及曼谷參加兩個未來賽，但成績不盡理想，第一個星期在芭達雅未來賽第二輪又碰到王宇佐，二度落敗。連續兩站未來賽的雙打和德國的莫瑟搭配都拿到亞軍，而哥哥這時和贊助單位地中海文教基金會談妥，緊急請來韓國教練黃文哲接手訓練。

在曼谷訓練一整個星期後，接著前往越南河內獲得不錯的成績，還把在北京世大運贏我的李承勳打敗，進入最後決賽。

從高雄、日本、香港、橫濱打到越南的會內賽又闖關至決賽，肩膀開始不舒服，決賽打完第一盤，肩膀就真的不行了，於是棄賽拿到亞軍。雙打搭配了莫瑟，最後也是拿到亞軍，這是我們第一次在未來賽中，單雙打都打進決賽。那一年最後還到菲律賓打了一站，但第一輪又敗給王宇佐，這一年裡，三次碰到王宇佐都落敗。

每次與王宇佐對戰都會成為關注焦點，因為我們在青少年賽場上就經常交手，有輸有贏，若心態好、狀況好時，我就會贏他；反之就輸。到職

在越南河內未來賽，盧彥勳在黃文哲教練的調教之下，第一次單雙打同時都進決賽，可惜決賽因傷退賽，單雙打都屈居於亞軍。

業賽時，由於亞洲的賽事不多，一定很容易選擇到相同的比賽，因此我們常有機會對戰。憑良心講，王宇佐在這三場比賽的表現比較穩定，我自己則受心態影響。例如我覺得我們之間的競爭會成為焦點而有壓力，或者覺得他的起步早，已經遙遙領先我，但又覺得自己不能輸他等想法，造成明明就很熟悉對方的球路，應該可以贏，但就是缺乏正確面對他的心態而無法穩定發揮，才會三戰三敗。

我跟王宇佐之間的幾次交手讓我領悟到，自己的敵人常來自不穩定的心理狀態，我要挑戰的並不是王宇佐或任何選手，而是如何調整好自己的心情，認知到自己與其他選手的差距，才能面對國際上更多的優秀選手，讓自己更好並贏過他們。

在我的職業元年，有如進入了大觀園，一下子打開了眼界，而 2001 年藉著下半年比賽的佳績，我的單打世界排名來到了五百四十三名。

被激怒的澳洲大魔王

我們在日本就遇過澳洲選手福特，那次到香港可以說新仇加舊恨。他是滿敏感的選手，我們在旁邊加油時，只要他覺得自己是非受迫性的失誤，還聽到我們幫自家選手拍手叫好，就會覺得我們在挑釁他，所以他常常在場上指著我，嘴型看起來是在罵髒話。但我和吳信緯偏偏在盧彥勳擊出好球時大聲加油，讓他非常氣憤急躁，表現便崩盤。

盧彥勳在香港未來賽第一站第二輪的單打逆轉勝贏了他後，他對彥勳本來就已經懷恨在心；下午雙打時，彥勳與德國史壯克搭配又在第一輪遇上他，後來彥勳這組輸了比賽。比賽結束後，福特走過來，看到我不但罵髒話，還說要找我單挑。

當時彥勳的搭檔史壯克因為輸了雙打比賽，心情已經不好，看到福特的挑釁更是怒火中燒，就回他「你罵誰，你贏球了還要單挑什麼？」接下來他們兩個一來一往起了衝突，一直到裁判長衝過來把福特架開，叫我們先走。

事後裁判長還到休息室跟我們說，不能打架，如果真的打架，嚴重的話 ITF 會有禁賽處分，所幸後來沒事。這是我印象非常深刻的一次球場衝突，原本是當事人的我們，似乎反而成了事件的旁觀者。

單打與雙打的評估與取捨

拿到單雙打的雙料冠軍對我絕對是個肯定，
更重要的是排名上升。
那時我的目標就是盡可能累積積分，把排名往上拉，
挑戰更高等級的比賽。

2002 年初，我們參加的第一個比賽是阿拉伯聯合大公國的未來賽，連續兩個星期都在這個國家。

這次出來是我和我哥還有黃教練三個人，我們從杜拜入境，經過將近兩百公里的車程才到阿布達比，半夜出了機場叫了一輛計程車，直接到阿布達比比賽的旅館。

二十年前那附近都是沙漠，非常單調。高速公路上除了兩旁往外三公尺有樹、有草皮外，全部都是沙漠，我們的球場是在沙漠中一個全是沙地的高爾夫球場旁，住的飯店在海邊，飯店中有幾面網球場，平常在飯店做一些訓練，比賽時再搭交通車到會場。

我們曾經試著搭乘大會安排的交通車到市區逛逛，沒想到連市區都非常無趣，整條街上賣黃金的店家最熱鬧，好不容易找到一間漢堡王，吃了漢堡後，在裡面找了一間電玩店玩一下，就又坐一個小時的車回旅館。之後我們就再沒有去過市區，每天都在旅館住宿、練球，連吃飯都沒有離開旅館。

選手與教練間的默契和磨合

黃教練是一位對網球極盡瘋狂的教練，無論是在餐廳、在機場，只要想到任何網球的事情，他都會在當下請你做動作，教法非常高壓，要你怎樣就是要怎樣，沒有太多討論的空間。雖然我也是很認真的人，但有時抓不到他的準則。

例如練習時，有時很累想要停下來，他就要我堅持，我只能堅持下去；有時我準備好要堅持下去，他就會過來說一些與訓練不相干的事情，當時我沒有辦法理解，便跟他開始有點不愉快。

他鼓勵我的方式，有時我也不能體會，例如他會說，「你看那個人，你一定可以贏過他。」但其實我上個星期才輸他，因此我希望教練可以告訴我要怎麼樣調整現狀擊敗他，但他只會跟我強調我是最棒的、最好的，這種自我喊話的方式也許在心理學上有些道理，但當下我的情緒不穩時，只會感到不耐煩，心裡想著「你到底在講什麼？」

有回我便追問他，「我已經這麼努力了，為什麼怎麼打還是輸？」他反而回我，「你不想練，就回去休息。」他沒想到我轉頭就拿了東西離開，非常生氣。剛好當時我哥在場，一方面安撫教練，一方面協助我與黃教練磨合，讓我們隔天又恢復正常的相處與訓練。

在阿拉伯的單打表現並不怎麼好有很多原因，客觀的原因是那場未來賽總獎金一萬五千美金，是當時等級最高的未來賽，又在年初，很多排名沒有辦法進到澳洲公開賽的選手就會往中東、土耳其這些國家跑，因為天氣好又離歐洲近，所以除了亞洲外，也有不少歐洲來的選手，競爭就激烈多了。

這兩場單打我都在第一輪就落敗，雙打方面跟印度選手羅翰‧波柏納

（Rohan Bopanna）搭檔，拿到阿拉伯未來賽的冠軍。波柏納後來成為世界的雙打名將，最高世界雙打 ATP 排名第三名，甚至拿到 2010 年美網的雙打亞軍，以及 2017 年法網混雙冠軍，想起我們那時也曾一起打著那樣的小比賽，也是有趣的回憶。

以色列之戰獲雙料冠軍

阿布達比結束之後，回台休息了一個多星期，我們就整裝去以色列。當時亞洲的比賽真的不多，為了持續比賽，只能往歐洲或中東、中南美國家出賽，我記得以色列的比賽總獎金是一萬美金，比較低一點，所以報名選手的水準也會稍微差一點，但那是我第一次去以色列，不知道是否能適應。

入境以色列的安檢非常嚴格，讓我印象深刻。除了在香港轉機就需要把托運行李拉出，打開行李箱讓他們翻查之外，我們一行人被分開盤問後，安檢員還會再比對我們彼此的說詞是否符合，光這些程序就花了兩、三個小時。此外，登機口還有香港飛虎隊持槍站崗，到特拉維夫的機場入境時，也是一樣的嚴格。

以色列之行是我、黃教練和信緯一同前往，由於阿布達比的成績不好，這次我只抱著盡力的心態，沒有想太多，就是一輪輪打，最後單打拿到了冠軍。雙打的部分跟一位地主以色列選手萊歐爾・達翰（Lior Dahan）搭配，我們在之前在亞洲的未來賽中有碰過，這次剛好有機會能搭配，兩人還算輕鬆地拿到了冠軍。

拿到單雙打的雙料冠軍對我絕對是個肯定，更重要的是排名上升。那時我的目標就是盡可能累積積分，把排名往上拉，挑戰更高等級的比賽。因此，贏球時當然很開心，但很快就要收拾好心情投入下一個星期的比

賽。比賽的場次很緊湊，休息的時間不多，特別是打到最後決賽時。

拿到冠軍後的家人團聚

　　早在安排以色列行程時，就知道會碰到春節，哥哥跟媽媽覺得好不容易過年，所以他們決定趁假期也來以色列，一方面陪我比賽，另方面也希望大家過年時可以聚在一起。

　　我們會合後，黃文哲教練提議「這次盧彥勳表現不錯，不妨放鬆心情，大家也都難得來以色列，一起到附近遊覽吧。」我們就請大會幫我們租了一台九人小巴，我們五個人就坐著那輛巴士前往死海及耶路撒冷古城。以

■ 盧彥勳拿下以色列未來賽第一站單雙打冠軍後，再加上我們家是基督教信仰。所以我們跟大會租了一台小巴士，去死海及耶路薩冷朝聖。

往只從歷史課本、媒體報導中聽過、看過的古城，再加上家中信仰基督教，對耶路撒冷本來就懷著崇高的朝聖心態，現在可以親身訪視感到很震撼，算是犒賞自己拿冠軍的禮物，畢竟不是每次比賽都有機會遊覽當地的名勝古蹟。

第二個星期的比賽第二輪中，打完第一盤因肩膀不舒服而棄權，但這趟旅程依然有收穫，拿到了高積分，排名也提升，又跟家人同遊，帶著勝利的心情回到台灣。

當時已經漸漸體驗到職業選手例行的固定生活：打不好雖然難過，回到台灣就繼續練習；打得好，就帶著勝利的感受繼續訓練，等待下一場的比賽。

藉雙打養成技術與信心

剛開始，我在未來賽雙打部分的確有較突出的表現，尤其單打輸球時，若雙打打得好，就能讓我恢復一些信心；但當時會參加雙打，說白了就是「有總比沒有好」，並希望透過雙打磨練經驗與技術，也是為單打做訓練，幸運的是，我常常遇上不錯的搭檔。當時真的盡可能爭取每一次可以比賽的機會，不論單打或雙打，沒有顧及體力行不行。

初期雙打的成績提升比單打快還有一個因素，因為有些單打好手不一定會報名雙打比賽。不過從另一個角度看，若在雙打中贏了曾經輸過的選手，我覺得倒是可以藉此鼓勵自己「雙打可以贏他，表示我是有機會的」。此外，也可以透過雙打更進一步瞭解對手的狀況，思考下一次單打是否可以複製雙打的打法擊敗對方。因此，雙打的意義對於當時的我來說，不僅是帶來積分，更為單打失利的我帶來信心。

農曆過年期間，我們全家赴以色列，盧彥勳在這個賽事拿下自己職業生涯未來賽的單雙打雙料冠軍。單打決賽以 6:4、6:4 擊敗了地主的尼爾·菲爾格林。雙打則搭配以色列的達翰拿下冠軍。圖為台灣駐以色列辦事處的代表及台商來現場為我們加油！

威儒
Talks

初期的報名工作真不簡單

　　盧彥勳比賽的行政工作都是我在負責，例如報名、買機票、安排行程等。當時並沒有注意阿拉伯的比賽地點，因為杜拜非常有名，直覺以為在杜拜，所以就直接買到杜拜的機票。那時是跟大會申請落地簽，但到海關時，他看我們一下問說，「比賽在阿布達比，為何從杜拜入境？」運氣算不錯，海關查了一下，還是讓我們從這個機場進去，但也有選手被遣返，重新再從阿布達比入境。

　　二十年前要報名比賽非常不簡單，那時網路不發達，各種程序都是用傳真或電話不斷往來處理，參加一個比賽需要重複很多次同樣動作。

　　首先必須打電話去 ITF，透過語音系統報名，先聽系統講一大堆賽事，然後照著指示點選男子職業賽的行程表後再點選代號，ITF 才會傳真資料過來。填完之後再把表回傳。報完之後，要確認是否成功，又必須在報名截止兩天後，打電話請對方傳真名單，名單上有名字才確定報名成功。接著還要訂機票、旅館……，聽錯就要重來，傳真紙有時放久一點，字又會消失，完全不留痕跡。所幸隨著網路發達，報名工作也越來越簡便。

有幸參與
末代衛星賽的經歷

衛星賽屬於一個比較舊的賽制，2007 年後就被取消了，
它的賽制時間長，對選手的心智和體力是非常大的考驗，
但另一方面也是很有效的訓練。

從以色列回來後，沒有太多的時間休息又開始其他的比賽行程。在二月越南胡志明市的挑戰賽中，因為黃教練幫我要到一張外卡，讓我可以進會內賽，但這等級的比賽對我而言非常難打，只贏了第一輪，接下來四月便到昆明參加兩站的未來賽。不過我對 2001 年在昆明受傷的事情還有些陰影，幸好在這場賽事中沒有影響到我的表現。

第一站非常順手，幾乎都是直落二擊敗對手，並拿下第三座未來賽冠軍。第二站進入八強時對戰王宇佐，也以直落二取得勝利，這是我在 2001 年進軍職業賽後，第四次與王宇佐交手，終於在這次贏過他，並打到決賽拿下另一座冠軍杯。接著想要趁勝追擊又轉往烏茲別克，就這樣連續三個星期，打了近十五場的比賽。

五月在日本福岡的兩站未來賽則都落敗，第二個星期又敗給了王宇佐，我和他的競爭已經進入白熱化，排名已經到三百左右，漸漸追上他在兩百左右的排名。

利用衛星賽提升排名

此時，黃教練認為當時在中國能夠威脅我的選手不多，應該去參加中國衛星賽，屆時只要正常表現，應可拿到較高的積分，快速提高排名。在這個策略下，我們決定前往中國參加那次的衛星賽。

衛星賽（Satellite Circuits）是所有職業賽中等級最低的，取得積分必須打滿四個星期。前兩個星期的種子排序依 ITF 公布的排名，第三個星期的種子排序則依前兩個星期的成績決定。第三週結束後，計算每個選手的 Circuits Points 總分，最好的十六位選手進入第四週比賽後，才能將選手的總分加總，換算成 ATP 積分，最多可拿三十六分。衛星賽屬於一個比較舊的賽制，2007 年後就被取消了，它的賽制時間長，對選手的心智和體力是非常大的考驗，但另一方面也是很有效的訓練。

中國衛星賽前兩個星期在北京打，我跟著黃教練前往北京。從跟黃教練開始合作到那時已經五、六個月，但我們兩個的個性都衝，說話又直，這段時間下來，我們不論比賽還是訓練都在一起，出現越來越多摩擦，很多壓力與情緒都慢慢累積著。

雖然狀況不佳，但我在北京仍拿下一個冠軍、一個亞軍。只是我知道再繼續下去，我跟黃教練間的不愉快情緒會影響到所有事情，所以我打電話回家，請我哥過來天津。

我哥出現後，確實大家的情緒緩和很多，我的心境也比較平和，但在第三週的決賽中，本來是我領先的局勢，因為對手朱本強摔倒而叫了傷停。朱本強是非常有經驗的選手，是當時的中國球王，沒想到他再度上場後，沒多久整個局勢就逆轉，最後我反而輸了那場比賽。這也讓我認知到在競技場上，只要稍微掉以輕心，整場比賽就翻轉的殘酷。

那次比賽不是美好的經驗，卻是我的網球生涯中難得的回憶，畢竟有幸可以在衛星賽終結前參與這種型態的賽事也非常珍貴。

我常像滅火隊救援兩人的關係

由於地中海文教基金會的贊助，我們才有經費聘請黃文哲教練。會找黃教練一方面是因為連哥的建議，因為他就是在黃教練的調教下成為台灣球王；另一方面在那個時間點，我們也沒有相關的國外教練資訊，因此就請老教頭黃教練試試。所以當彥勳在泰國芭達雅未來賽輸球後，我開始跟黃教練聯絡，在曼谷未來賽後，他就正式接手盧彥勳的訓練工作，並帶著彥勳出國比賽。

黃教練是一個滿典型傳統的韓國人，以訓練嚴格著稱，並維持韓國人的兇悍做法。據我後來的觀察，黃教練對選手極為重視，雖然嚴格，但若他認定你，就什麼好東西都會留給你。

事實上，黃教練在台灣十多年，教學方式明顯改變很多。但盧彥勳從小到大比較沒辦法接受強壓或是強迫方式的教導，你必須去說服他，像是「為什麼要做這個訓練？」、「這個訓練的理由是什麼？」、「訓練的效果是什麼？」如果他聽得進去，信服你，他就會很認真的完成訓練。

可是當他覺得不合理或沒有邏輯時，就會反過來質疑你，這就是盧彥勳的個性。他們在開始磨合時產生很多摩擦，而我在中間像是潤滑劑的角色，常常出來滅火跟救援。

在衛星賽第一週，除了彥勳打電話回來說無法與黃教練合作外，黃教練的薪資部分也出了一些狀況，贊助商地中海文教基金會拖欠了黃文哲教練的薪資、機票等所有費用，為了安撫盧彥勳與教練，我立刻趕往天津跟他們會合。

在這個賽事結束之後，黃教練把我叫去房間深談，他表示彥勳是一個非常有潛力的選手，一起努力不過半年，就從九百多名推近到兩百多名，他真的很想繼續帶著盧彥勳，但因為基金會積欠薪水，他也要為自己的生計著想，如果基金會沒辦法支付，他可能就沒辦法繼續合作。

我也積極跟地中海基金會追問，但一直沒有得到回應，之後我才知道黃教練已經接受了天津隊的聘任。其實那時中國各縣市對黃教練都非常有興趣，因為他在短時間把盧彥勳從九百多名帶到兩百多名，大家都覺得他是一個非常棒的教練，都來挖角。於是衛星賽結束後，黃教練就跟我們分道揚鑣了。

地中海基金會那邊也不順利，回到台灣後的某天下午，我接到基金會的電話說，「對不起，因為我們資金有些問題，所以沒辦法再繼續支持你們。」雖然我們訂有合約，但他們就是沒有錢，當時盧彥勳就要進入美國賽季，正需要教練的協助，突然失去贊助簡直是晴天霹靂。

以兩年達成
世界排名兩百的目標

> 在巴西的時候完全語言不通，當地人不講英文，
> 很多時候我們在餐廳點菜都要比手畫腳，
> 想吃豬肉就比豬的樣子，想要吃雞肉就學雞叫。

　　進入 2002 年的暑假，之前參加的比賽大都是 ITF 未來賽等級，打完天津的衛星賽後，我的排名來到相對的一個高點，提升到兩百多名，我們開始思考是否要進入更高等級的 ATP 挑戰賽。後來我哥幫我報了幾個北美的挑戰賽。

　　因為當時又回到沒有教練的狀態，經過一番討論後，決定由媽媽陪我去征戰。會這樣決定，一方面因為媽媽決定把市場的攤子收了，準備退休；另一方面是，若由哥哥陪我去，擔心媽媽一個人在家無所事事，每天看著我爸的相片掉眼淚。若由媽媽陪我，雖然沒有教練，至少有一個親人在身邊可以打點生活所需。

暑假期間密集參加挑戰賽

　　七月初，我們抵達加拿大參加格蘭比挑戰賽，因為排名夠了，可以從

會內賽打起，這是我第二次參加正式挑戰賽的會內賽。

　　或許是延續上個月衛星賽的球感，一開始就十分順利，先是打敗了當時排名一百九十三的菲律賓選手艾瑞克‧泰諾（Eric Taino），一路打到四強後才輸給俄羅斯選手阿列克斯‧博戈莫洛夫（Alex Bogomolov Jr.）。

　　不過比賽期間有點窘迫的是剛轉上ATP挑戰賽，絕大部分選手都不認識我，這讓我很難找到選手一起練球。正在想辦法時，剛好吳信緯的爸爸想讓他嘗試一下職業賽，體驗職業選手的生活，知道我在打挑戰賽，就決定趁暑假送吳信緯到美國，跟著我一起參加ATP的挑戰賽，也可以一起練球，所以第二週打完格蘭比挑戰賽後，吳信緯就到美國加州阿普托斯（Aptos）跟我們會合。

　　因為吳信緯沒有來過美國，吳爸還拜託我哥請假帶著吳信緯過來，所以我哥也在阿普托斯待了七天。

　　張德培也有參加那次的阿普托斯挑戰賽，若我在第一輪打敗美國選手

贊助商地中海文教基金會倒閉，盧彥勳沒有教練，單獨和媽媽征戰更高等級的美洲挑戰賽事，因為怕盧彥勳在高等級的賽事，沒有人跟他練球，再加上盧彥勳的同學吳信緯想利用那個暑假來嘗試看看職業賽，所以我帶吳信緯前往美國和媽媽及彥勳會合，之後我回台灣，他們三人繼續往巴西比賽。
在這個挑戰賽事，遇到了張德培，他已經快退休了，跟他爸爸聊天後，合影一張。

賈斯汀・吉梅爾斯托布（Justin Gimelstob），就會與他交手，很可惜我輸掉了。不過有天和吳信緯練完球準備離開時，張德培突然過來用很美國腔的中文問我們，「這是你的毛巾嗎？」我們嚇了一跳，因為以為他只會講英文。原來他的練習時間在我們之後，所以才有這樣的機緣。

後來我們在休息室也遇到張德培的爸爸，並與張爸聊了一下，張爸知道我們是從台灣來的，說他知道台灣打球的環境並不是那麼理想，要找到資源也不那麼容易，勉勵我們要好好努力加油。

前往巴西，高海拔帶來的低潮

結束阿普托斯的比賽後，我們轉往巴西聖保羅參加坎普斯・杜若爾當（Campos do Jordão）挑戰賽，這也是我第一次去巴西，從洛杉磯飛去巴西還滿遠的，先飛到佛羅里達，再飛去聖保羅，然後再搭四個小時的車才能到達比賽場地，而且路況非常不好又是石頭路。

在這次行程中碰到泰國選手達奈・午東措克（Danai Udomchoke），他的狀況跟我很類似，同樣沒有請教練，也是媽媽陪同比賽，於是兩個媽媽帶著孩子加上吳信緯，就一起作伴。

我在單打第一輪就輸給巴西選手佩卓・布拉戈（Pedro Braga），所幸第一次與午東措克搭配雙打就打到最後決賽，後來午東措克受傷，我們只好棄權，但也算是不錯的成績。

到了七月底，我們又接著趕去巴西的另外一個城市美景市（Belo Horizonte），不過在單打第一輪就敗給祕魯選手伊旺・米萊達（Ivan Miranda）。雖然在聖保羅時跟午東措克搭配雙打有打到最後決賽，但巴西之行事實上並不是很成功，因為連續兩站單打都沒有好成績。從阿普托斯到巴西

兩站，連續三個星期我在第一場的單打就吃敗仗，陷入挑戰賽的一個小低潮。後來我們分析原因，覺得主要由於巴西的海拔高，我對那裡的氣候和地理環境都很不適應，而且挑戰賽與未來賽的等級不同，參賽選手的實力也高出許多。

此外，在巴西時語言完全不通，當地人不講英文，很多時候我們在餐廳點菜都要比手畫腳，想吃豬肉就比豬的樣子，想要吃雞肉就學雞叫。料理都是西式的，直到下一站紐約，終於有機會跟吳信緯到中國城吃飯，覺得中國菜真是太美味了，吳信緯一個人就吃了好幾碗滷肉飯，經過一個月全部都吃西式的食物後，能喝上一碗中國式的熱湯是非常大的享受。

釜山亞運混合雙打拿金牌

從巴西到紐約布朗克斯（Bronx）挑戰賽後，狀況慢慢好轉，我開始贏球打進八強，雖然輸給美國選手馬爾迪・菲什（Mardy Fish），卻是我那次在整個美國賽季裡面，除了在格蘭比之外最好的成績，而且闖進世界兩百名內，排名首度超越王宇佐。之後，我又前往韓國參加釜山亞運，成為台灣男子團體賽的第一單打，除了團體賽外，也參加了男子單打與混雙項目。

亞運期間，首先進行團體項目，我們的籤運極佳，排第四種子，避開了強隊，理應至少可以拿到銅牌。第一輪碰到了香港隊，論選手排名，台灣的實力遠高於香港，我第一場打下香港的第一單；第二單王宇佐當時有狀況，單打意外輸掉了，於是我和鄭為仁便扛起雙打贏了男雙，驚險進入八強。

八強對上印尼，我拿下第一單，第二單王宇佐又意外落敗，這一次我和為仁的雙打無法過關，因此團體賽最後無法進入四強十分可惜。我個人單打進入八強後，輸給了泰國的帕拉東・斯里查潘（Paradorn

Srichaphan），斯里查潘當時世界排名前二十，並剛在日本公開賽打敗那時的世界球王澳洲的休威特（Lleyton Hewitt），是亞洲最強的選手。

所幸，最後我與美國華裔轉回台灣的雙打好手李慧芝一起參賽混合雙打拿下金牌，跌破大家的眼鏡。我們在四強時遇到印度選手利安德‧佩斯（Leander Paes）和桑妮亞‧米爾莎（Sania Mirza），決賽則擊敗也是來自印度的馬赫什‧布帕蒂（Mahesh Bhupathi）和夏妮莎‧馬賀拉（Manisha Malhotra），這兩組印度的組合擁有超過二十座的大滿貫雙打冠軍，我也很訝異可以擊敗他們，獲得自己、也是台灣第一面亞運網球混雙金牌。同時也托這面金牌之福，使我符合資格可以申請十四天的補充兵役，不用再受限於三個月的出國限制。

在釜山亞運後，我又繼續參加美國、日本的幾場挑戰賽，其中在墨西哥打到八強；在橫濱則與午

在日本橫濱挑戰賽盧彥勳和午東措克搭配拿冠軍之後，雙方又搭配參加泰國曼谷挑戰賽，兩人有很長一段時間一起旅行、一起比賽，雙方家長也有很深的情誼。圖為彥勳和媽媽去午東措克家住，午東措克也安排彥勳和媽媽去騎大象。

東措克拿下雙打冠軍，也是我第一次拿到 ATP 挑戰賽雙打冠軍。2002 年結束時，我的世界排名是一百九十二，達到決心打職業賽時許下的兩年內要打到兩百名的目標，算是表現不錯的一年。

與王宇佐的競爭與糾結

盧彥勳與王宇佐在青少年賽時期就競爭激烈，賽場外也有很多當時不方便多說的故事，但也是我們想爭一口氣的原因。

例如 2001 年初盧彥勳先是去打青少年公開賽，本來是要跟王宇佐搭配雙打，但王宇佐為了保留單打體力，盧彥勳就被他放掉了。回台後彥勳立刻代表國家打台維斯盃，王宇佐依然不打雙打；在後來的世大運、亞運，他也以身體不適又放掉雙打，盧彥勳就跟其他隊友搭檔。

無論盧彥勳打得如何，媒體與觀眾的焦點都在王宇佐身上，例如 2001 年的台維斯盃，即便盧彥勳拿到第五點的關鍵點獲得勝利，大家衝進去歡呼的對象是王宇佐，甚至有媒體押寶王宇佐，他的任何一個成績幾乎都被放大報導，盧彥勳的報導篇幅相對就少了許多。

王宇佐會成為寵兒是有原因的，他們家跟網球的淵源很深，他父親本來就是網球愛好者，後來甚至因而去當裁判。王宇佐開始打球時，他父親已經是青少年委員會的發展委員，可以決策一些規則，所以我們在青少年時候有很多衝突，也是因為這樣造成。

在王宇佐國小二年級的時候，他爸就很確定要栽培他當職業選手，並帶他去美國佛羅里達參加橘子盃的賽事，因此，雖然青少年排名是盧彥勳在他之前，但王宇佐很早就拿到職業分數與國際成人的排名。

2001 年進職業賽後，盧彥勳三度與王宇佐對戰都落敗，直到 2002 年 4 月在昆明未來賽中首度擊敗王宇佐，並在年底才在世界排名上超越他。

■ 盧彥勳首次參加亞運會，就和李慧芝搭配混雙，先在四強擊敗了印度的佩斯／米爾莎，又在決賽擊敗了布帕蒂／馬賀拉，拿下自己的第一面亞運會金牌。這面金牌非常不容易，主要是這兩組印度的組合，手上有超過二十座的大滿貫雙打冠軍。

■ 盧彥勳和好友泰國的午東措克搭配，拿下自己職業生涯首座 ATP 挑戰賽等級的雙打冠軍。

從未來賽到挑戰賽的瓶頸

> 當年兩度到印度都出了狀況，第一站已經感到水土不服，
> 第二站我在歡迎宴會上喝了一杯加冰塊的可樂，
> 接著又發燒又拉肚子，沒辦法比賽。

在 2002 年結束時，我在世界的單打排名大致落在兩百左右，因此從 2003 年開始，我的賽程多以挑戰賽為主，因為當時大部分挑戰賽等級的比賽，我都可以直接進入會內賽。

一連串挑戰賽的挑戰

年初，當然以四大賽的澳洲公開賽為主，這場大滿貫賽事我需要從會外賽打起。因為要去澳網，在亞洲賽事並沒有太多選擇，我就先到印度清奈進行十二月三十日開始的公開賽會外賽。沒想到會外賽就輸了，只好趕緊收拾行李等補位回台灣，再準備去澳洲。

當時剛好是新年假期，等了半天都沒補到位置，肚子餓了就只好買些機場販售的糕餅。那是我第一次去清奈，去之前大家都跟我說不能喝那邊的水，吃東西要小心，本來想機場的熟食應該沒問題，沒想到剛吃不到兩個小時就開始拉肚子，班機也補不到位子，只好拉著行李回飯店，第二天才搭機返台。

接著是澳洲網球公開賽的會外賽，那年是我第一次參加四大賽的會外賽，沒有什麼經驗，雖然心裡想著「這不過就是另一場比賽」，但到現場便感受到氛圍完全不同。大家好像都有十足的準備，大都有教練帶著，有的還加一個防護員，不知所措的我好像是一個路人甲。

　　那次在會外賽就輸了，隨即從澳洲轉往美國夏威夷大島參加 ATP 韋柯洛亞（Waikoloa）挑戰賽並進入八強；緊接著又去打達拉斯挑戰賽，第二輪落敗後回到台灣，參加台維斯盃第一輪，我是第一單對哈薩克，我們團隊拿下了勝利。

　　經過年初的緊湊行程後，由於亞洲沒有挑戰賽的賽事，只能前往歐洲。首站先去德國沃爾夫斯堡（Wolfsburg）參加挑戰賽，第一次在歐洲打室內賽的我，第一輪碰上泰國午東措克，以六比三、七比五贏了他。

　　我在 2000 年的第一場職業賽印尼未來賽就和午東措克交過手，由於排名接近，行程類似常常遇到。而且我們都沒有教練只有家人陪伴，便開始結伴同行，旅程上互相有照應，有需要時也可以一起練球。

圖 1. 盧彥勳參加澳網時，到墨爾本動物園一遊。
圖 2~3. 盧彥勳參加夏威夷韋柯洛亞挑戰賽，由媽媽陪同。

這次在歐洲的比賽，午東措克是由爸爸帶他去，我們兩個家庭一起旅行，一起比賽，比較不會孤單。據說我後來的經紀人德克・霍爾多夫第一次注意到我，就是在這場比賽中。

之後我們前往英國參加一場挑戰賽，沒想到第一輪就抽到王宇佐，一番激戰後，總算搶七擊敗了他。第二輪對上午東措克，也是搶七贏了，最後打到了四強，那是我在挑戰賽第二度打到四強。

剛開始打挑戰賽的表現並不穩定，絕大部分都是第一場、第二場就輸球，偶爾有比較好的表現進入八強，因此打到四強算很不錯。不過挑戰賽的積分比未來賽高很多，即使只打到八強，積分就等於未來賽的決賽。

若想使排名從兩百名左右再往上衝，未來賽的分數已經不太能夠滿足，我必須挑戰更上層的比賽才能有更好的積分和排名。

只是尚未站穩時，有時會面臨保分的壓力，保不住排名就往下掉，甚至掉出可以打挑戰賽的範圍。所以在這之間我盡可能穿插幾場未來賽，拿下有把握的分數再打更高層次的比賽，讓自己有更多機會突破。

SARS 爆發，被徵召前進大陸武漢

三月參加胡志明市的挑戰賽後，我回到台灣，沒想到 SARS 爆發，而四月第二輪的台維斯盃在武漢舉行，要與中國隊對打。不知為何，大家似乎對這場首次與中國交手的比賽很感興趣，不管政府或協會都希望選手參加，而且要贏中國。

但 SARS 開始於中國，當時疫情又非常嚴重，說不擔心絕對不可能，不過當我們希望協會對於選手比賽的安全性提出保證時，他們並沒有針對這部分回應，只是強力表示我們必須去，我還因此跟理事長起了口角。

我記得當時開了一個協調會，理事長把所有參加的選手找到一個地方討論，媒體對此事非常關注。由於我的對外窗口都是我哥負責，因此他們一直問我哥，「盧彥勳到底要不要去？」協會還找了一大堆長輩、媒體不斷給我們壓力，以軟硬兼施的方法讓我們不能說「不」。

我覺得這不是溝通，而是脅迫；他們不顧疫情的嚴重性，用愛國這頂帽子扣在選手身上，真的很不合理，至今想起當時受到的種種打壓，依然覺得很生氣。

最終我們還是受不了外界的壓力去了武漢。在武漢之前，我已經連續打了很多場賽事，身上有一些大大小小的傷沒完全復原，而台維斯盃的賽制是五盤三勝，中間沒有休息時間，但既然參加了，即使出發前有很多的不滿和爭議，身上也還有傷，我仍會全力以赴，最後我和王宇佐各拿下一點單打，加上雙打，以三比二贏了中國。

個體戶有極限，瓶頸開始出現

這場賽事結束之後，我前往浙江台州打未來賽，拿下了單打冠軍。接著就跟媽媽轉往印度的邦加爾羅（Bangalore）與新德里參加挑戰賽，這兩站的比賽雖然是 ATP 挑戰賽等級，卻辦得非常粗糙，無論場地或住宿都很差。

那時還因為大會酒店的房間數量不夠，主辦單位要求四位選手或團隊住一間房間，還好那時午東措克和他媽媽也有參加，我們兩家本來就認識，所以就擠一間房間。

當年兩度到印度都出了狀況，第一站已經感到水土不服，第二站我在歡迎宴會上喝了一杯加冰塊的可樂，接著又發燒、又拉肚子，沒辦法比賽，只好棄權。還記得當時吃過午東措克幫我買的午餐後，就沒離開過廁

所，最後太嚴重，只好到醫院就醫。

當時還是 SARS 期間，到了醫院發現，那裡不但又髒又亂，連床單都泛黃。沒想到的是，相對於我們對醫院衛生的擔憂，醫生與護士因為看到我們是華人更害怕，馬上戴上口罩不想理我們。不過因為我在發燒，無法上飛機，只能在醫院裡待一、兩天等退燒後，才返回台灣休養。

到了五月中，我又從烏茲別克開始一場接一場的賽事，當時同樣為了要節省機票費用，行程排得非常緊密。那場烏茲別克挑戰賽在費爾干納（Fergana）舉行，我在打入八強時與王宇佐交手，以二比六、二比六輸他。

在 2003 年的上半年，我沒有太突出的表現並開始出現瓶頸，排名一直沒有太大的進展。

我知道還有一段空間需要努力，但在沒有教練的情況下，發揮所有可運用的資源，在球場與外國選手互相幫忙練習，甚至請我媽幫忙送送球，比賽訓練結束再麻煩我媽充當防護員和按摩師幫我按摩放鬆，在我們能做到的努力下，才能勉強保持較好的狀態面對比賽。

節省開支的環球機票

　　我們一直以土法煉鋼、克難經濟的方式，希望用最少的錢與時間把球賽打好打滿。所以那時的賽事都排得非常緊密，主要就是想節省機票費用。因此，我們也買過環球票，它的規定就是可以從台灣出發，順時針或逆時針繞著地球轉一圈，我們利用這種票，先在亞洲打，接著轉到美洲，再轉到歐洲，最後回到亞洲，依照一定的方向前進。

　　為了充分利用環球票，我記得我們從亞洲韓國出發，飛到了烏茲別克，後來飛溫布頓，又繞了法國旁邊的一個內陸國安多拉，我們希望把這段票能夠延伸到暑假，也沒有飛回台灣，就直接飛到了加拿大，沿著美洲直到巴西，參加一連串的挑戰賽後，接著參加美國公開賽，這次行程排得非常長，足足兩個多月至美網結束才回到亞洲。

　　從 2002 年至 2007 年這段最辛苦的時間，幾乎都是媽媽陪著彥勳。她陪盧彥勳到許多落後的地方參賽，如巴西、印度、烏茲別克等。媽媽雖不是教練，但一路上必須幫彥勳按摩、拉筋、洗衣服，有時還要幫忙練球，希望能減輕彥勳的負擔，讓他好好比賽。媽媽因為長年有椎間盤突出的問題，在旅行移動下也非常困難，我們出去又都只能坐經濟艙，在緊張壓力之下，飲食時間也不正常，那幾年媽媽也得了胃潰瘍、高血壓等慢性病，真的很辛苦。

大邱世界大學運動會風波

在只有一支球拍的狀況下，
每天打完比賽，我就把球拍送去重穿新線，
以一支球拍從開始打到決賽並獲得冠軍，
為台灣代表隊拿下一面金牌。

　　2003 年 4 月的武漢台維斯盃結束後，我的肩膀和膝蓋的舊傷一直沒有完全復原，很想休息一段時間，讓自己恢復到之前的狀況，但又有保分的壓力，所以就一直打打停停，沒有辦法完全發揮。那段時期我又開始感到沮喪，懷疑自己「是不是不適合打如此高強度的比賽？」、「真的有辦法變成所謂的職業選手嗎？」當整年都是高強度、高密度的比賽，沒有特別的起色時，負面的想法就慢慢出現。

　　到了暑假的美國賽季，我幾乎都是第一輪、第二輪就輸掉，雖然在挑戰賽等級本來就難於之前的未來賽，理性上我也瞭解每個階段都有不同的進步幅度，但失落感與保分的壓力讓我的情緒很緊繃，還在美國公開賽摔壞了多支球拍。後來我只能帶著最後一支沒有被摔壞的球拍，直奔韓國大邱參加世界大學運動會，也發生了很多狀況。

役男出國手續即將過期

第一個狀況是我的役男出國期限快到期了。當時役男出國要先申請並蓋章，一次出國不能超過三個月，時間到了就要再回台灣補辦。補蓋章必須在上班時間，因此就算趕回國，也要在星期五下班前到，不然就要隔周的星期一才能辦。我們的比賽若打贏第一輪，第二輪幾乎都是排在星期三、星期四，若打到決賽，就有可能趕不及星期五回到台灣。因此，往往為了蓋一個章，要放棄整個星期的比賽。

美網結束時，我已經出國將近十二個星期，本來想直接回台灣，但國體與大專體總都要求我參加世大運，若等世大運打完再回國蓋章，絕對來不及。

因此，我到大邱後請團本部幫忙協調，得到的回覆是「就是有你這樣的選手，明明知道要來打世大運，為何還要去美國比賽？你可以先回到台灣，為什麼要搞出這些事情？」

當下我覺得非常不受尊重，作為一個職業選手，美國公開賽是長期努力要達到的目標，怎麼可能有機會打卻放棄，而且無論世大運、亞奧運等，都是要靠打職業賽的排名爭取參賽，我們放棄自己的職業賽事與休息時間到世大運，團本部不是應該要站在協助的立場嗎？。

打入四強的差別待遇

不過，當我打到四進二賽程時，我知道若團本部不肯幫忙，一定要回台灣處理兵役問題，以免之後遇到無法出國的困境。因此我告知團本部，「如果無法幫忙處理，兵役將來會有卡關的問題，我寧可不要打四進二的

比賽，馬上回台灣。」當時，因為只有我一個選手進入四強，團本部原本不理睬的態度馬上反轉，不但兵役問題有人幫忙協調，一開始比賽時場邊只有教練跟協助教練兩、三個人加油的狀況，也頓時出現了不知哪來的二十多人應援團，原本的冷言冷語也變成「你要好好加油，好好專心打，其他事情我們都可以幫你處理。」

說實話，遇到這些鳥事很令人不舒服，但我只能盡全力完成，因為比賽本身與我受到的待遇無關。因此，在只有一支球拍的狀況下，每天打完比賽，我就把球拍送去重穿新線，以一支球拍從開始打到決賽並獲得冠軍，為台灣代表隊拿下一面金牌，這面金牌也是台灣男子網球史上第一面世大運單打金牌。

當記者問我，「拿到這個冠軍，你有什麼感受？」，我說自己非常高興與驕傲，能替學校和國家拿下這面金牌，但是也覺得很猶豫跟糾結，因為我的賽場應該在正火熱開打的四大公開賽上，而不是在單純的大學運動會上。因此打完兩屆世大運的我很篤定地表示，「未來還是會以排名爭取亞、奧運的參賽，但不會再參加世大運的比賽。這並不是意氣用事，而是身為一個職業選手的態度，我要往大滿貫的道路努力前進。」不過這段發言就像是丟入潭中的石頭，在當時引發一陣反彈聲浪。

全國運動會開幕點燃聖火

2003 年除了世大運外，我也代表新北市參加了全國運動會，並擔任該屆全國運動會開幕點聖火的代表。

在那一次全運會中，我代表新北市參加網球團體及個人單打項目。在團體賽中，我們敗給了台北市，拿到銀牌，我個人單打則拿到了金牌。繼

■ 圖 1~2. 盧彥勳和贊助商 adidas 及台灣大學在 2003 年共同主辦臺大 adidas 盃，邀請盧彥勳的貴人、時任中央研究院的李遠哲院長共同參與。

圖 3~4. 第十九屆灣區華人運動會主辦了一場表演賽，這是盧彥勳和哥哥威儒第一次在公開的場合聯手出賽。

圖 5~7. 盧彥勳代表新北，參加 2003 年在新北舉辦的全國運動會，為新北拿下團體銀牌，個人單打金牌 (盧彥勳成功完成全國運動會單打冠軍二連霸)，這也是盧彥勳最後一次參加全國運動會。

上屆高雄全國運動會單打金牌後，我完成二連霸，但這也是我最後一次參加全國運動會，因為隨著世界排名的上升，全運會的比賽期間都會碰到重要的職業賽事，所以從 2003 年後，我就再也沒有參加全國運動會。

直到 2021 年，新北市再度舉辦全國運動會，雖然我沒有參加比賽，但仍力邀我擔任選手代表於開幕時點燃聖火，這也是睽違近二十年，再度參與全國運動會。

■ 盧彥勳拿下大邱世大運的單打金牌。

建立國際賽事制，派出相對應的選手

兩屆世大運，彥勳都是剛開始不受重視卻打出好成績。外界在比賽之前，大多都會押寶，而團本部也產生了差別待遇。這次因為王宇佐是第一種子，團本部與大專體總對他抱有很大的奪牌希望。

團本部當時為了幫台灣選手加油，還花錢請韓國當地媽媽應援團當啦啦隊，結果剛開始只安排啦啦隊幫王宇佐加油，而盧彥勳比賽時，只有同隊的隊友加油，一直打到八進四，王宇佐意外輸球，團本部才把啦啦隊移到盧彥勳的比賽場邊，還好盧彥勳很爭氣，最後拿到了金牌，自己找回了尊重。

拿到金牌後有些媒體來訪問他，當時他跟媒體說，他認為世大運是大學生的友誼賽，真正的網球職業選手不大會參加，所以他想要專注在自己的職業賽上，求取更好的表現，接下來他不會再參加世大運。

他會這樣說，主要是因為世大運在網球方面並不是很重要的賽事，參加的選手等級並不高，有些勝之不武。但這段話引起一片譁然，甚至當時的國體校長都直接告誡盧彥勳，希望以後對媒體的發言能夠多謹慎，不要隨便講話。

德國教練帶來生涯轉捩點

> 霍爾多夫把我帶到球場，我們坐在觀眾席上，
> 這個畫面至今已經快二十年，
> 但一直清楚留在我的腦海中。

2003 年的美國公開賽雖然表現不如預期，還摔壞了很多把球拍，我卻在這年碰到了貴人，也就是我後來的經紀人德國教練德克·霍爾多夫。

與陌生人的一席話

那次的會外賽我對上了瑞士選手喬治·巴斯特（George Bastl），2002年他曾在溫網打敗美國網球名將山普拉斯（Pete Sampras）。我在那段期間的比賽都是一開始領先，後來卻輸掉，那次也同樣不例外，在第三盤 Tiebreak 輸掉。

輸球後，我沮喪地回到休息室，正在收拾東西時，一個肚子大大的外國人走過來，「可不可以給我五分鐘，我想跟你聊聊？」他自我介紹說他是萊納·舒特勒（Rainer Schüttler）的經紀人。在那之前我從沒見過霍爾多夫，舒特勒也是 2003 年才剛在澳網以黑馬之姿打入決賽的選手，我對他的印象不深，更不知道他的打法或背景。

霍爾多夫把我帶到球場，我們坐在觀眾席上，這個畫面至今已經快二十年，但一直清楚留在我的腦海中。坐下來後，他開口就問，「你覺得你的網球怎麼樣？你對你的網球有什麼看法？」德國人講英文有一個腔，我的英文也沒有太好，溝通起來有點辛苦，我無法用英文完整解釋自己的想法，只跟他表達我真的很想拚進世界一百名內，但不知道該怎麼做，加上我沒有什麼錢和資源，也不知道正確練習的方式。

聽完我結結巴巴的英文後，他跟我說，之前在德國的挑戰賽上無意間注意到我的比賽，但那時沒有機會認識我，剛剛又看到我的比賽。他覺得很奇怪的是，整場球我是表現比較好的那一方，最後卻輸了。他說我可以打得很好，但是需要改進或克服一些事情，未來是有機會的，而且他可以幫助我。

當下我不知道該如何反應，因為我不知道他到底想做什麼，又要如何幫我。他很快又補了一句，「但你要全部聽我的。假如我凌晨四點叫你起來洗冷水澡，然後告訴你，這對你的網球是好的，你會願意做嗎？」雖然很納悶他為什麼這樣問，但我回他，「願意，只要不違法，能夠讓我進步，我願意嘗試任何方法。」

接著他跟我說，之後有機會再聯絡，並希望我十一月可以跟他們一起去比賽，當時我順勢說「好」就各自離開了。回到飯店後，我跟我哥講到這件事，都覺得這是一個很好的機會，雖然不知道他能幫我什麼，但有一個帶領世界排名前十選手的教練或經紀人願意幫我，說什麼都要嘗試，但當時我卻沒有跟他交換聯繫方式，覺得自己有點傻，也不確定是不是真有機會再碰到他。

休士頓的奇妙之旅

沒想到後來去日本時，我在一場東京公開賽中又遇到他，他的選手剛好也在那邊比賽，他就來看我練習，練習結束後，他提點我一些該注意的地方。離開前又再次跟我提到，希望之後可以跟他們到休士頓參加年終八強賽，跟他的選手一起訓練。沒想到過了幾個星期，他真的跟我聯絡，我就安排了美國的賽程，準備順便打一場未來賽和一場挑戰賽，

在休士頓會合的過程也很特別，我們並沒有約在一個固定地點，他只是約我在機場會合，然後給我他的航班號碼，於是我查了時間，訂了一班比他們早一點到的飛機，在出口等著，完全不知道會發生什麼事，也不確定他們會不會出現。最後，我們順利碰到面。從一開始他來找我，到我們在休士頓碰面，整個過程都讓我覺得非常神奇。

在休士頓的四天讓我大開眼界，可以近距離看到電視上才看到的名將，例如阿格西、費德勒、羅迪克等。霍爾多夫安排我跟著舒特勒一起訓練，當他的陪打員。

第一天訓練時，費德勒在旁邊的球場練球，看到我跟舒特勒練習，他的教練就走過來問霍爾多夫我是誰，可不可以請我跟費德勒練習一下。霍爾多夫馬上說：「沒問題，什麼時候都可以。」所以我接著又跟費德勒練習，那時真的超級緊張。

當時費德勒剛拿下溫網冠軍，世界排名第三。可以跟他站在同一個球場練習讓我難以置信。整個對打過程中，我盡可能全神貫注，只祈禱千萬不要有失誤。練了一段時間後，他的教練說，「Let's play a set .」我當然說好。結果我意外地贏了這盤，但不知道怎麼贏的，只記得球來我就盡量打，他打出很多好球，但是我不知道為什麼就六比四破了他一個發球局。

練習結束後，他的教練問我，「你的排名多少？」當我説兩百多名時，他有點訝異，他認為我的排名應該更前面，並相信我一定可以打上去。

回到球員休息室時，霍爾多夫過來跟我說，「明天下午你可以再跟他練嗎？」於是第二天我又去陪費德勒練球，這次場面完全不同，練習球場大概被兩、三百人包圍著，周邊所有可以坐與站的地方全都是人。

練習完，我又跟他打了一盤。練習時，費德勒都是以一種很輕鬆的態度打球，相較於我的得失心，他只在乎感覺對不對，不太在乎輸還是贏。雖然只是練習，但當我又拿下他一盤時，我還是覺得不可思議，當然他的教練也沒有想到，然後他說，You play good today. Let's play one more Tiebreak.

當我跟費德勒打了兩盤又加一個 Tiebreak 後，久違的自信心又回來了，我告訴自己，「我有能力跟世界排名前十，甚至剛拿下大滿貫的冠軍選手對打。」雖然離開休士頓又要回到挑戰賽，但因為心境上的調整，知道自己還有潛力待開發，功力也無形中提升，這趟旅程可以說是我職業生涯的重大轉捩點。

驚險轉機，趕回台灣當兵

帶著跟費德勒交手的好運氣和信心，我去參加伊利諾香檳挑戰賽，沒想到打進四強，擊敗了許多自己不曾擊敗過的選手，包括傑夫・莫里森（Jeff Morrison）、羅伯特・肯德里克（Robert Kendrick），四強又對上布賴恩・瓦霍爾利（Brian Vahaly）。我本來想放棄四強賽，因為我要趕班機回台灣服兵役，當時申請了補充兵，一定要趕上報到時間，不然被會視為逃兵。我那時很老實的跟裁判長說我要回去當兵，所以要棄賽，但比賽規則是若故意棄權，就要被罰款，於是我只能隨便打打，盡快結束比賽。

回台灣的過程非常驚險，因為時間很趕，出租車早就等在球場外，比賽一結束，我就背著行李上車趕往芝加哥機場，花了四個多小時的車與一千多美金，終於搭上飛往舊金山的班機，轉華航的飛機回台灣。兩班飛機的間隔只有四十分鐘，本來是不可能開票的，但為了趕上兵役的報到時間，只好找人特別幫忙。於是我們在舊金山的好友莊景森先幫我 CHECK IN，拿到登機證後，在國內線轉國際線的入口等我，我拿了登記證立刻去安檢，總算順利趕上班機回到台灣。

■ 彥勳十一月底，返回台灣，到成功嶺服十二天的補充兵，徹底解決了兵役的問題。

返抵台灣後，我在成功嶺當了十二天的補充兵，徹底解決了兵役問題，在那之後我出國再也不必限於三個月，也不用再趕回來辦理手續了。

中國省市網球隊來挖角

2003年發生很多大事情，也有一些小插曲。例如在二月台維斯盃的時候，王宇佐的經紀人曾經問我，是否可以讓彥勳跟宇佐共同聘請教練，一人出一半的教練費。盧彥勳從2002年下半年都沒有教練，都是我媽在陪伴他比賽，我當然樂見其成。但過了一、兩個星期後，王宇佐的經紀人卻表示，宇佐的父親拒絕這項提議，讓我覺得非常可惜。

由於彥勳曾經打敗過中國球王朱本強、王鈺等國家隊選手，所以中國各省市的全運會網球代表隊對彥勳非常有興趣，那年九月曾經邀請我去天津、上海商談。天津提出的條件非常誘人，只要幫他們打到一面金牌，就可以提供五十萬人民幣的獎金，不論單打、雙打、混雙和團體賽都可以。若都參加，就有可能拿到四面金牌以及兩百萬人民幣；上海也是差不多的條件。

此外，他們還可以提供部分訓練的參賽費用。不過這些利多的唯一條件就是，必須轉籍到那些城市，也就是要轉國籍。當時我們受到台灣許多人如李遠哲院長等長輩的支持與幫助，絕對不可能答應，因而婉拒了邀約。

現實的壓力和困境造成盧彥勳的瓶頸。事實
上，台灣的運動選手面對的資源不足和不均是
常態，幸運的是，盧彥勳遇到了德國的經紀
人，在他的帶領和協助下，盧彥勳開闊了視野
也衝破了瓶頸！

02

拉起夢想的風帆前行

攝影◎高啟舜 KAOCHISHUN

第一次體驗正規的冬季訓練

一起受訓的選手除了舒特勒外,還有韓國選手李亨澤,
以及當時才十五、六歲的諾瓦克·喬科維奇等,
其中喬科維奇對自我的要求讓我印象深刻。

在服補充役前,霍爾多夫就希望我能到德國參加他旗下選手為期四個星期的冬季訓練,本來因為要當兵無法趕上,但他跟我說,「沒關係,你就過來,不管幾天都好。」於是我從成功嶺下來就趕去法蘭克福附近的城鎮跟著他們訓練了十天。

一走進就想要主動練習的氛圍

這是我第一次真正在國外訓練,人生地不熟,而且德國的冬天非常冷,室外只有攝氏零度左右,很不舒服,但他們的訓練卻讓我大開眼界。

之前在台灣都是在學校訓練。青少年時,有球場可以練就滿足了,唯一的差別就是有些球場稍微乾淨,有些球場比較簡陋;後來當職業選手後,在體院室內球場練習,已經算是不錯的硬體設施。

到德國後,一比較下就發現落差,德國訓練的環境、設施都十分專業,空間乾淨明亮,而且不僅是硬體的問題,一進去感受到的氛圍都很不一樣,大家很努力、很認真,教練要求執行什麼,大家就主動執行並有著共同目

標，「我要進步，我要贏球，比去年的表現還要好，讓自己排名往前。」

當年一起受訓的選手除了舒特勒外，還有韓國選手李亨澤，以及才十五、六歲的諾瓦克・喬科維奇（Novak Djokovic）等，其中喬科維奇對自我的要求讓我印象深刻，例如做重訓的複合式訓練時，若做得不滿意，他就會要求再多做一組，我還沒遇過一個十五歲孩子的自我要求這麼高，讓我覺得他真的了不起。當我隔年打進世界一百名時，他也打進一百名，接著隔一年他就進入前三十名，我親眼見證他除了天分，更透過努力把天分發揮到極致，並成為最偉大選手之一的過程。

到德國時，除了網球訓練外，我也去健身房參加體能訓練，第一天我本來以為是做重訓，但體能教練卻帶著大家到外面跑步。當時道路兩旁都是積雪，我就跟著一起跑，接著到了一個山坡前，教練希望大家沿著山坡上下折返跑八趟，每趟要在規定時間內完成。我看了那個坡，角度絕對超過二十度，而且越上面越陡。第一趟衝上去，快到終點時，我就開始跟不上，無論心肺或腿都快受不了，我心裡想自己應該撐不了八趟，但我不能放棄，台灣人的面子不能在這個地方丟，不過我撐到第五趟跑上去後，就無法自己走下坡了，靠兩個同伴慢慢攙著我走回健身房，真是非常難忘的一天。

強度破表的訓練

這十天，我一躺到床上就睡著，因為白天就是在教練有系統的規劃下，執行各種體能訓練與練習。那時我什麼都不懂，只覺得舒特勒對我滿好的，一個世界排名前十的選手，每次在球場練習完，他就開車載我這個黃毛小子到健身房。我對他則是畢恭畢敬，他是霍爾多夫最主要的選手，也算我的同

門大師兄。只要跟他練習，我就全力配合他，盡可能把每一個球打好。

這些選手們其實脾氣也都滿大的，練習時，若我們的控球不好或是球歪掉，他們就會不高興，甚至在球場上發脾氣，但我很樂意承受，因為陪他們練習能讓自己進步很多。若跟與自己差不多等級的，或是比自己弱的對手練習，就算二打一，都會覺得效果沒有那麼好，也不會太專注，因為輕鬆打就可以應付。

有天，霍爾多夫帶我去做檢測，印象中是我先上跑步機跑步，測試員在我加速一段時間後，請我下跑步機，然後用一個小針刺我的耳朵取血測血氧量；接著又繼續測試，那天是我人生第一次體驗所謂的科學訓練。事實上，那次冬訓讓我接觸到很多陌生領域，就算到健身房都覺得很新奇。

德國的健身中心非常大，有室內的羽毛球館、壁球館，外面還有足球操場……，什麼都有。我們的體能教練也讓我刮目相看，他是運動科學碩士，但更讓我佩服的是，無論我們做任何體能，不管是耐力或間歇衝刺，他幾乎都跟著我們一起做，跑步時跑得比選手還要多、還要快；我從沒有遇過這種體力跟選手一樣的體能訓練師，之後好幾年我都還跟著他訓練。

課程結束後，我帶著一份體能訓練師提供的課表離開。經過十天在德國的訓練才讓我明白，原來職業選手的訓練，包括時間安排、訓練內容，都有計畫與步驟。我非常感謝霍爾多夫邀請我來這裡，看見不同的世界。

雖然當時霍爾多夫沒有說明他接下來是否有意願跟我合作，但他依然持續地協助我，例如透過 email 告訴我如何排行程；只要在賽場遇到我，就一定會帶著我練習、特別到賽場看我，或建議我哪裡還可以改進。

我知道接下來不可能像他們有教練、有團隊，還是得靠自己，但是至少比起以往根本不知道該做什麼好太多，我有課表、有方式可以去遵循，只要繼續努力。

與媒體交手歷盡人情冷暖

　　一開始在盧彥勳打球的過程中，媒體對我們不怎麼友善，很多長輩教我要主動跟媒體報告成績，甚至逢年過節要送媒體禮物，他們才會報導。

　　我當時剛出社會，對這些人情世故不是那麼熟悉，只是聽從長輩的意見，當盧彥勳一有成績，我就會打電話給認識的記者報告戰績。記得有次盧彥勳在國外雙打打出不錯的成績，我也一一打電話給記者。但有位記者卻跟我說，「盧威儒，我們報社對雙打成績不是很重視，以後雙打成績就不要跟我們說了。」在那當下，我的心裡很不是滋味，有很不被尊重的感覺。事實上我也知道有些媒體對不同選手就是有大小眼之分，並不是單打雙打的問題。

　　所以在那之後我開始醞釀幫盧彥勳建立官方網站的想法，一來可以把所有粉絲都集中在官網上，讓他們可以看到第一手的消息；二來藉由官方網站凝聚支持我們的朋友與球迷，所有新聞稿都由官網發送，同時把媒體的電子郵件設定好，即時發送新聞稿，就不用打電話拜託媒體發送。

　　我很快就建置完成第一代網站，並在亞運金牌時推出並啟用，還在雅虎奇摩的聊天室辦了一個跟球迷互動的活動。沒想到有位漏掉這則活動訊息的大報記者又打電話來不高興地說，「得亞運金牌是翅膀硬了嗎？你要小心一點，記者的筆可以載舟也可以覆舟。」這件事情讓我印象深刻。

　　當然也有媒體記者很關心我們，從父親去世到彥勳打職業賽，都一直主動關心我們的消息。所幸後來彥勳的成績越來越好，成為媒體爭相邀約的受訪者，加上網路的發展，我也不用再打電話去報成績還要碰一鼻子灰了。

冬訓成效激發出
可觀潛力

> 我本來預期先進入八強，再到四強，最後才可能打到冠軍，
> 現在突然超出預期，成為雙料冠軍。
> 這場比賽給了我很大的信心，也帶來排名的躍升。

經過歐洲的冬季訓練之後，一開始非常期盼這次訓練能讓自己的成績有所突破，可惜年初在澳洲的比賽都狀況不佳，直到澳洲公開賽會外賽都毫無進展，接著又前往夏威夷大島韋柯洛亞挑戰賽。

霍爾多夫在澳洲公開賽之後碰到我，跟我說了一句，「不要灰心」，這句話對我而言非常重要。他說，「經過十幾天的訓練期，你的身體都還在調適，但你是在正確道路上面，接下來就是好好把美國賽事打好，我們再看接下來可以怎麼安排，或者如果有機會，也許我們可以再一起訓練。」

以平常心應對挑戰

他的話讓我心情穩定下來，在夏威夷大島的韋柯洛亞挑戰賽，第一輪我就擊敗了當時排名八十四的美國選手布賴恩·瓦霍爾利（Brian Vahaly），獲得了很大的信心。直至第三輪才輸給一個菲律賓老將艾瑞克·泰諾（Eric

Taino），雖然止於八強，也算是不錯的開始。

二月初我飛到達拉斯，參加另一個挑戰賽，最後打入八強輸給安德烈・薩（Andre Sa）。其實以往在挑戰賽打到八強並不多，連著兩站打到八強，開始覺得自己應該在正常狀況內。

接著下一站到美國密蘇里州的喬普林（Joplin），我當時只想著這是美國最後一站了，贏一輪就打一輪，輸的話，雖然會有點沮喪，但可以回家了，還有什麼事情比回家好？

抱著這樣的心態，我在喬普林挑戰賽中接續打下美國選手馬蒂亞斯・博克爾（Matias Boeker）和韋斯利・懷特豪斯（Wesley Whitehouse），八強時又擊敗了前幾個星期輸給他的菲律賓選手泰諾，直到四強遇到王宇佐。

這場比賽唯一煩心的就是在場上遇到王宇佐。事實上，在達拉斯和喬普林兩站，我都跟宇佐同個行程，在達拉斯時，我們還一起訂一間飯店房間，想省一些住宿費用。雖然相處沒有太大問題，但我心中還是不太希望比賽時對到他，因為台灣媒體總會刻意製造新聞，説什麼瑜亮情節，我當時很排斥這樣的説法。後來那輪比賽我贏了他進入決賽，最終還打敗美國選手格倫・韋納（Glenn Weiner），獲得我第一個 ATP 挑戰賽的冠軍。

在雙打部分，我跟布魯諾・蘇雷斯（Bruno Soares）搭配，這位選手後來轉為雙打，曾經獲得世界雙打排名第一，那次我們一起拿到喬普林挑戰賽的雙打冠軍。

從美國到亞洲的勢如破竹

在喬普林挑戰賽獲得雙料冠軍出乎我意料之外，當下只覺得「怎麼這麼快」，或許有人會説花了三年怎麼還説快？但我本來預期先進入八強，

再到四強，最後才可能打到冠軍，現在突然超出預期成為雙料冠軍。這場比賽給了我很大的信心，也帶來排名的躍升。

回到台灣稍微休息後，我又展開亞洲的賽事，先是二月下旬參加胡志明市的比賽。這次八強又遇到宇佐，我又以六比一、六比四贏得比賽，進入四強；最後決賽在打滿三盤的情況下輸球。

接著前往日本京都挑戰賽，連續三個星期的比賽後，肩膀有些不舒服，進入決賽打了兩盤，第一盤搶七落敗，第二盤在三比四後棄權，拿下亞軍。至今已經三個挑戰賽都打到決賽。休息兩個星期左右，我前往澳洲打塔斯馬尼亞挑戰賽。在這場比賽中，我的狀況很好，竟從頭到尾一盤未失，拿下最後冠軍。接著趕往釜山挑戰賽，也是一路打到決賽，最後才輸給奧地利的選手亞歷山大‧佩亞（Alexander Peya）。冬季訓練後連續五個挑

■ 盧彥勳美國的 ATP 喬普林挑戰賽拿下雙料冠軍，這也是盧彥勳職業生涯的第一個 ATP 挑戰賽冠軍。

戰賽，我都打到決賽，拿下兩個冠軍，排名來到了一百二十九名。

打完釜山後，霍爾多夫知道我的排名上升，狀況也不錯，希望我能到歐洲跟他們一起練習，嘗試紅土球場，並進一步挑戰 ATP 巡迴賽等級的賽事。但我早已跟午東措克約好要去參加墨西哥市挑戰賽。因此後來等我結束墨西哥市的賽程、拿到亞軍，才到歐洲跟霍爾多夫他們碰面，挑戰我非常不熟悉的紅土球場。

海外鄉親的鼎力相助與熱情

盧彥勳在大邱世大運拿金牌後回台灣休息。忽然接到我之前大學參加乙組比賽認識的逢甲大學學長徐正賢來電，說他在美國矽谷和當時第十九屆灣區華人運動會的主席游純如討論，要在矽谷幫彥勳辦一個表演賽和募款餐會。

所以我們在全國運動會前，特別飛去美國舊金山一趟。表演賽辦在矽谷的高級私人網球俱樂部 Courtside Club。表演賽有兩場，第一場由盧彥勳對上台裔史丹佛網球校隊的高文豪，高文豪也是北加州十八歲的排名第一。當然盧彥勳那時世界排名已經到兩百名以內，所以很輕鬆地拿下。第二場，則是盧彥勳搭配我對戰高文豪及另外一位王迪。王迪當時是北加州十六歲單打排名第一，全美國十四歲組單打排名第二的選手。結果我們兄弟齊心，順利拿下這一場比賽。這是我和彥勳唯一搭配過的一場對外公開的比賽，當時我非常緊張，畢竟我只是乙組的全國冠軍，他們三位都算是體保生，我也沒有在那麼多人注目下比賽的經驗。

不過這場表演賽讓美國灣區的台灣僑胞認識了盧彥勳，尤其國外的鄉親對於職業選手的辛苦更為瞭解，看到來自台灣的盧彥勳非常疼惜。當天晚上的募款餐會在台灣人開的故鄉餐廳舉辦，台灣鄉親們小額的捐款，也

■ 圖 1. 台杉總經理翁嘉盛和盧彥勳。
　圖 2~3. 矽谷後援會是盧彥勳在國外唯一的後援會。

湊了幾千美金給我們當旅費。

　　更重要的是，我們在這場活動認識了許多長輩及好朋友，像現任台杉總經理翁嘉盛、時任舊金山科技組的楊啟航組長、交大張俊彥校長的公子張緯倫、莊景森、台美產業科技協會的創始人邱俊邦等。

　　翁嘉盛先生當時更承諾至少三年裡，每年贊助一萬美元給盧彥勳當旅費，在 2005 年更直接幫彥勳成立「盧彥勳矽谷後援會」。每次盧彥勳參加聖荷西公開賽，他總是號召許多台灣鄉親幫彥勳加油。翁嘉盛、莊寬裕、莊景森等長輩在盧彥勳二十年職業生涯一路相挺至今，一直是我們最堅實的後盾之一。

紅土賽和草地賽的
大不同

> 相較於紅土的乾燥、摩擦阻力大，草地是濕的，還會滑，
> 但又不像紅土滑過去還可以穩定；
> 若是比較差的草地球場，球還會亂七八糟的彈跳。

在羅馬、漢堡跟法國公開賽的會外賽，紅土賽讓我吃進苦頭，幾乎都在第一輪就落敗。當時，霍爾多夫認為是我不熟悉，只要多練習就會進步，並沒有指點我太多。

之後我發現問題可能出在自己對紅土的刻板印象。以前從電視轉播中看到參加紅土賽選手打的球都非常旋，幅度又高，還有特定的姿態與腳步。受到這樣的印象影響，我便改變自己一直以來的強勢打法，想要藉由紅土的特性，慢慢在底線抽、打，但因為我疏於長期在紅土場地的練習，速度一放慢，對手就有機會打出好球，因此我自以為因應場地而改變的打法調整，反而讓我在紅土比賽中一敗塗地。

不過新的刺激都是好的，在紅土賽場上打球特別要著重腳的力量與核心穩定，因此即便比賽出師不利，但透過一場場的紅土訓練，順便把體能練起來，畢竟多練習對自己都有幫助。

挑戰不同場地的特性和賽事

　　紅土賽季結束後，接著面對草地賽的挑戰，距離我上一次打草地球場已經是四年前青少年賽的事，記得那時打得不差，但也沒有太好。至於這次則是我進入職業賽後第一次打草地賽，對於球的節奏、移動都不太習慣，我評估有可能自己剛打完紅土球場尚未適應。相較於紅土的乾燥、摩擦阻力大，草地是濕的，還會滑，但又不像紅土滑過去還可以穩定；若是

■ 圖1~3. 盧彥勳這一年名列法國公開賽會外賽第一種子，可惜無法打進會內賽。但這一年是盧彥勳職業生涯最完整的紅土賽季。另外霍爾多夫也幫他找來自己的得意門生，1996年溫布頓八強的羅馬尼亞選手拉杜列斯庫當他的教練，不過兩人只合作兩個月，因為拉杜列斯庫不習慣當教練的生活而辭退。
圖4~5. 墨西哥挑戰賽又打入決賽，拿下亞軍。

比較差的草地球場，球還會亂七八糟的彈跳。那時霍爾多夫特別提醒我，在草地比賽必須回硬地球場練習，才能訓練節奏與擊球感，重新抓到擊球的感覺。

　　我第一站選擇瑟比頓（Surbiton）挑戰賽，想試著利用這場比賽適應草地的賽事，瑟比頓的草地品質跟巡迴賽等級的賽事場地相比很不工整，球打到地上就跳不太起來。第一場遇到不錯的對手格倫‧韋納（Glenn Weiner），他很善於草地比賽，所以敗給他也不太氣餒，只當做給自己一場草地球場的熱身，最重要的是趕快準備接下來的倫敦女王草地賽（Queen's Club Championships）。

　　霍爾多夫知道我第一次比 ATP 巡迴賽的會內賽需要一個教練，他找了一位羅馬尼亞教練艾力克斯‧拉杜列斯庫（Alex Radulescu）帶我一個星期。這個教練曾經在 1996 年打入溫布頓八強，是個年輕的教練，跟我們很能打成一片，當時他的積極好勝感覺像是一個選手，而非只是一個教練。他針對我的發球給了一些建議，並分享自己以前打溫網的經驗，讓我有些心理準備。當時會內賽選手都非常強，雖然我已經在草地練習了一個星期，還是很擔心自己不能跟他們抗衡。

　　帶著沒什麼把握的心情參與了這場倫敦傳統的賽事，沒想到的是，第一場就贏了排名九十一的澳洲選手韋恩‧亞瑟斯（Wayne Arthurs）。他是個發球上網型的選手，之前在草地的表現也都不錯，賽前大家都比較看好他。

　　開打後，我發現自己發球的掌握度不錯，就算遇到困難，破發點也掌握得很不錯。事後霍爾多夫表示，我能贏這場比賽很不容易，因為亞瑟斯是在巡迴賽中打滾滿久的老選手，經驗非常豐富。

打贏世界第三，為自己爭一口氣

到了第二輪，我遇上剛拿下法國公開賽亞軍的阿根廷名將吉列爾莫·科里亞（Guillermo Coria），前兩天我才在電視上看到他打決賽，沒想到接著就要跟他對抗，真是不可思議；另外對於自己這麼快就可以挑戰世界排名前十的選手，感到非常興奮。

跟科里亞相比，我在比賽上的經驗太少，唯一的優勢就是，他剛從紅土賽事轉過來，只有三天適應草地賽的時間，而我已經在這裡準備一、兩個星期了。加上他的打法屬於偏底線型，雖然草地球速很快，但相對於發球上網的選手，他會讓我有比較多的時間反應與準備自己想要打的方式。

真正上場時，以他的實力，不會隨便有失誤，但我可以感受到他的確在適應草地球場的狀態，我用較侵略型的打法咬著他，造成他的壓力，所以他打起來也不是這麼順利。一局、兩局下來，我開始有信心了，在第一盤中段破了他一個發球局後，我就覺得今天可能有機會扳倒他；他也一直嘗試脫困，想盡辦法逆轉這場比賽，因此我守得也很辛苦。當最終我拿下比賽時，看著積分板，才肯定「這場比賽是我贏了」。

回想才在半年前，我還在煩惱兵役問題，還為了無所適從、找不到一個可以依循的訓練方式而沮喪，如今在真正的賽場上，擊敗一個世界排名第三的選手。這場比賽不但對我的意義重大，為自己爭了一口氣，也讓整個網壇看到我。贏球的時刻，腦海中閃過這兩、三年來的畫面，一切的辛苦在這刻都值得了。

盧彥勳參加英國女皇草地公開賽，擊敗了一個星期前才拿下法網亞軍的阿根廷名將科里亞，當時科里亞世界排名第三。

踏上羅蘭・加洛斯球場打球

記得在 2018 年時，我也曾跟盧彥勳在羅蘭・加洛斯（Roland-Garros）的紅土球場打過球，當時盧彥勳想先適應球場及調時差，只想稍抽一下球、調整感覺，就沒特別找選手對練，我便有機會下場在羅蘭・加洛斯紅土球場和盧彥勳對抽一下，真的很令人興奮。

羅蘭・加洛斯是我打過最平的紅土球場，台灣的紅土球場不是坑坑洞洞，就是邊界線附近高低不平，但 Roland-Garros 球場都沒有這樣的問題。另外我也發現它們的紅土沙並沒有鋪得非常厚，而且紅土顆粒非常細，不像台灣很多紅土球場有許多小石頭夾雜在裡面。

另外，球場後面的地上有像溫布頓草地球場的帆布，只要一下雨，工作人員便會馬上把球場蓋起來，防止太多雨水進入球場。每隔一個小時練習交換的時段，工作人員就會進來整理場地。

我還注意到球場表面撒了許多白色顆粒結晶，詢問後才知道可能是粗鹽或氯化鈣，一方面是拿來當作黏著劑，固化鬆散的紅土，可以讓場地更平實，也可以避免雜草生長。我實在沒想到，看似簡單的球場，其中的學問竟然如此大。

人生第一次的
大滿貫出賽

> 這是我職業生涯中第一場大滿貫賽中的第一場勝利，
> 也是台灣男子選手第一次在溫布頓中取得勝利，
> 我也成為台灣第一位進入職業排名百大內的選手。

在女皇草地公開賽打敗世界排名第三的阿根廷名將科里亞後，還沒有時間慶祝，我就趕快收拾行李前往荷蘭，準備理光公開賽（Libéma Open）ATP 250 的賽事，當作參加溫布頓大賽前的一次熱身。不過第一輪我就輸給了世界排名六十五的法國選手米埃卡·洛德拉（Michael Llodra），他曾經是世界雙打第一，是一位具有豐富草地實力的選手。

之後，我前往溫布頓，迎接我人生第一次在大滿貫出賽，並且靠著排名直接進入會內賽。透過前面幾場比賽的表現以及不錯的練球狀況，雖然不能說當時的我信心滿滿，但是我知道自己已經準備好隨時迎戰。

大滿貫賽的第一場勝利

那一個星期霍爾多夫也在場，有這麼有經驗的教練在旁邊協助我，我的心情更加穩定。雖然我還不是他的選手，但他只要有空檔就來協助我，

並把我當做世界前十的選手看待，還說「Rendy 打大滿貫，所有東西都要安排好」。

從選手要準備的物品到訂旅館，他都給我最好的建議，例如他告訴我溫布頓常下雨，建議我要住在球場旁才方便休息；當時我們什麼都不懂，霍爾多夫怎麼說，我們就怎麼做。

後來果真遇到下雨，也能就近回旅館休息，但是這麼方便的環境是用金錢換來。我記得那時小小的一間單人房就要九十英磅，雙人房則要一百五十英磅，以當時一比六十三的匯率，一個房間住下來上萬元。當時獎金收入也不多，這樣的花費實在很有壓力。

拿到籤表後，我第一輪對到捷克選手簡‧瓦斯克（Jan Vacek），他是一位草地實力堅強的選手，霍爾多夫看到後說，「你應該高興，至少你沒抽到種子選手，瓦斯克雖然不是好應付的對手，但你有機會。對方的正拍比較弱，發球上雖然他有體型優勢，但並不會讓人完全接不到或發很多 ACE 球，所以只要接發球做好，在他的發球局上都還有機會，最重要的是你自己發球局的掌握度，讓他多在移動中打正拍，失誤就會比較多。」

我照著霍爾多夫的戰術執行。大滿貫是五盤的賽制，中間也遇到一些「亂流」，讓我輸掉了一盤，但大部分時間我都掌控住比賽而獲得最後的勝利。這是我職業生涯中第一場大滿貫賽中的第一場勝利，也是台灣男子選手第一次在溫布頓中取得勝利，我也成為台灣第一位進入職業排名百大內的選手，創下當時很多台灣不曾有的紀錄。

告別孤單，終於簽下經紀約

贏球後，百感交集，雖然媽媽跟哥哥這次也從台灣來看我比賽，但

我特別想念我爸。從小到大，我跟我爸在家裡看網球比賽的記憶就是溫布頓，還記得那時我們一起幫山普拉斯加油……。這麼多年過後，我以一個選手的身分站在溫布頓球場上，甚至贏球，我非常感謝與感動，卻來不及跟爸爸分享，讓我有些遺憾。

打完第一場後，雖然贏球，但我全身痠痛，因為大滿貫是五戰三勝，體力耗費很大，我媽和我哥就用土法幫我按摩放鬆。當時覺得打四大賽的選手真的都是超人，才能在強度這麼高的賽事中競爭。接著第二場的比賽，我遇到瑞典名將約納斯·比約克曼（Jonas Bjorkman），他當時世界排名二十七，雙打更是連續好幾年的世界第一，也很擅長草地賽，於是我直落三敗北，結束了這次在溫布頓的神奇之旅。

趁著家人都在溫布頓，我們討論了這幾個月的狀況，並篤定要跟霍爾多夫簽經紀約。那時我還沒有滿二十歲，也有其他的經紀公司找我哥談，畢竟我這幾個月的表現讓大家眼睛一亮。當然，霍爾多夫也帶了合約找我哥，他當時並不認為我們簽給他是必然的，依然很誠懇地解釋未來他可以做到什麼，他又可以在訓練上幫我什麼忙，仔細說明經紀約的內容。

其實就算他不說明這麼清楚，我們也會跟他簽約，因為就是他在這段時間的付出，讓我有機會突破瓶頸，從兩百名晉升到百名內。

神奇的溫布頓之旅

我和媽媽為了見證盧彥勳第一次參加溫布頓會內賽，特地飛到倫敦，這也是我第一次踏進溫布頓。在第一輪的賽事中，盧彥勳在第八場球以六比三、四比六、六比三、六比二擊敗捷克的老將瓦斯克，這是盧彥勳及台

灣男子選手在四大公開賽及溫布頓中的第一場單打勝利。這也代表著我們全家三人終於實現老爸的願望，盧彥勳登上了網球最高殿堂溫布頓，並且拿下了勝利。

溫布頓附近有一些別墅群，賽事期間有些別墅主人會去外地度假，然後把房子空下來租給球員或者遊客。這次我們住在溫布頓球場第十九號門的外面，也是一間別墅，屋主還住在裡面。別墅中有非常多的房間分租，很像民宿。

我和彥勳住在同一樓，媽媽則住在樓上的單人房，費用不便宜，還要跟人家共用浴廁。不過只要把落地窗一打開走出庭院，就可以走進溫布頓的球場。

據主人的說法，之前世界球后德國名將葛拉芙來溫布頓公開賽時，都會租下整棟別墅當她的備戰基地。當然葛拉芙也拿下七座溫布頓的冠軍。

溫布頓球場有一個很好玩的地方，在二樓的球員休息區那邊有一片大草皮，草皮上面有各個經紀公司的人派駐在那裡，隨時在那邊關注選手，尤其是年輕選手動態，有點像獵人頭的地方。因為上半年盧彥勳的表現非常好，排名大竄升，也引起其他經紀公司的注意，但我們已經認定要跟霍爾多夫簽約。

我記得霍爾多夫很慎重地跟我們說明他的理念，因為他之前以教練身分帶選手時，發現美國的經紀公司非常資本主義，條件很苛刻，所以他很不喜歡美國的經紀公司，便自己組了一個德國經紀公司服務選手。為感念他之前的幫助，我們當下就跟霍爾多夫簽約，在溫布頓之後，他正式成為盧彥勳的經紀人。

在那次的溫布頓之旅，我還遇見身上只圍著一條浴巾的費德勒，我當時拿著訓練防護員的證件跟盧彥勳進入練習球場的休息室，正在整理行李要去換洗時，他從裡面走出來。前一年年終八強賽時，他才跟彥勳練過球，他看到彥勳就過來打招呼，知道我是彥勳哥哥，第一次來溫布頓時，他很親切地說，「希望你能夠好好 enjoy 溫布頓。」第一次跟費德勒近距離接觸竟然是他從淋浴間走出來，也是滿有趣的。

■ 盧彥勳靠排名第一次參加溫布頓會內賽,第一輪擊敗
捷克的選手瓦斯克。第二場輸給了世界排名 27 的瑞典
名將比約克曼。因為是盧彥勳第一次參加四大賽溫布
頓,所以哥哥威儒和媽媽也特地前往英國。

第一次參賽奧運的
新奇和有趣

> 雅典奧運之旅更令我難忘的是，可以看見各項目的菁英選手，
> 甚至 NBA 明星。雖然我在第一場就輸了，
> 但有很多插曲值得分享。

2004 年的溫布頓結束之後，在霍爾多夫的建議下，我前往美國的賽季從格蘭比出發，開始報名一些 ATP 巡迴賽，包含印第安威爾斯跟辛辛那提。

突然獲得雅典奧運參賽資格

歷年來，奧運參賽資格計算基準為法國公開賽結束後的世界排名。我的排名雖進入百大，但那是後來在草地賽時才提升，因此本來沒有預料可以參加奧運，但為顧及區域平衡，例如亞洲參賽的選手可能不多等狀況，ITF 就頒發外卡給我，讓我有機會代表台灣參加奧運。

消息來得很突然，我們絲毫沒有時間為奧運做準備，只能在緊湊的職業賽程中，趕緊安排時間前往，當時我也請霍爾多夫擔任教練，我們兩個人對於可以參加奧運都很興奮，還參加了開幕式。

到奧運會場時，所見所聞都是新的體驗，因為練習時狀況還不錯，對自己也有滿大期望，但沒想到第一場就以三比六、三比六落敗，輸給了芬蘭選手亞爾科‧涅米寧（Jarkko Nieminen）。我跟涅米寧在青少年賽時就認識，他比我年長，排名也比我高，開賽前我們還一起練球，覺得當時自己的掌控度不錯，但開賽時，我卻打得綁手綁腳，經驗還是不如涅米寧，讓我輸得沒話說。

　　雅典奧運之旅更令我難忘的是，可以看見各項目的菁英選手，甚至NBA明星，當時很難找到形容詞去形容見到的畫面。雖然第一場就輸了，使得第一次奧運參賽短暫的就結束，但有很多插曲值得分享。

睡在陽台的霍爾多夫

　　打職業網球賽時，霍爾多夫通常不會與選手住一間房，但奧運是選手村，大家會集中住宿，尤其網球只有我一個選手，他就必須跟我住，但霍爾多夫會打呼，他怕影響我的休息。因此他請我把他的彈簧床墊搬到陽

▋盧彥勳代表台灣參加
2004年的希臘雅典奧運
男子單打項目，這是台灣
第一次在網球項目參與奧
運。霍爾多夫擔任盧彥勳
奧運的教練，隨盧彥勳到
希臘。

台，晚上他就關上陽台的落地窗睡在外面，即便如此，我還是可以聽到他的打呼聲。

最有趣的事情是，我們隔壁住著自行車車隊的教練與選手，有天我們的房間門開著，自行車教練經過時就問我，「怎麼會有一張彈簧床放在陽台？」我就說我的教練會打呼，所以晚上睡在外面。自行車教練才恍然大悟，因為他總是納悶為何半夜會有洗衣機或者引擎的聲音，原來那是霍爾多夫的打呼聲。

此外，奧運期間各國選手都會彼此換徽章，我是隨緣換，但霍爾多夫是卯起來換，非常認真地穿梭在選手村中，碰到人就換，最後換了一百多個。

此外，棒球的防護員

▋ 2021 年東京奧運期間，盧彥勳和哥哥威儒也努力跟各國的選手交換徽章作為紀念。

也隨同來幫選手服務，我就是在這裡認識葉恩，也因為這次的緣分，後來邀請他加入我們的團隊，成為陪我到國外比賽的第一位國內專業的人員。

察覺專業團隊的重要性

雅典奧運輸球後，我又飛回美國，主要是因為那時的排名也能參加美國公開賽會內賽，這是個難得的機會，我哥與我媽也來看我比賽，可惜第一輪就碰到瑞典選手約阿希姆・約翰松（Joachim Johansson），他當時為世

■ 雅典奧運賽後參觀雅典神廟。

界排名三十，我以直落三敗北，就當作累積經驗。接著我又回到亞洲，幾場連續的賽事中，最重要的比賽應該是九月中的北京公開賽，但這陣子一直打強度高的賽事，肩膀開始出現一些狀況。

事實上這一年雖然有時打得很順，但過程中還是會出現一些運動傷害，剛好遇見霍爾多夫也帶舒特勒打北京公開賽，他們團隊中有防護員做治療與按摩、有體能訓練師做體能，之前我們打同一個比賽時，霍爾多夫會請他們的防護員幫我忙，但還是要付費。有時一個療程兩、三次，每次不到一個小時，可能就需要一千歐元的費用。但防護員都非常有經驗，可以很快找出問題，當下緊急處理與治療傷害的成效都很好，這次也是請了防護員幫我治療，才能繼續比賽。

成為職業運動員的時間越久，我就開始思考防護員的重要性。最早我需要的對象當然是教練，因為有教練的協助才知道如何改進，但在賽程密集的情況下，也需要有人隨時確保身體的狀況，所以就需要防護員或物理治療師。不過組建一個團隊要有經費，那時我們才剛開始賺進職業獎金，要組建一個完整團隊，除了薪資外，還有食宿交通等費用，獎金根本不夠分配，所以還是要靠贊助商才能支持我們聘請專業人員加入團隊。當時要

■ 參加緯來體育台的訪問，並和主播們球敘。

達到那樣的規模，我還有很長的路要走。

2004 年的賽事在十一月中於芬蘭結束，排名落在八十七名，之後我直接轉往法蘭克福參加冬訓，為隔年的賽季做準備。這次做滿完整的四個星期，體能方面先以儀器測試身體需要加強的部位做精準的訓練，非常扎實，一起訓練的有七、八個選手。

或許看到我在霍爾多夫的協助下有了好成績，午東措克在下半年就主動詢問是否可以跟他合作，而宇佐也離開原本的經紀公司主動來找霍爾多夫，希望加入他的公司。

對於霍爾多夫而言，他沒有拒絕的理由；但對於我來說，同門陣營中多了一個關係尷尬的台灣選手，我不能否認心裡多少會有點疙瘩，但還是平順度過冬季訓練，期待透過集訓讓 2005 年的成績能更上一層樓。

全家在重要比賽現場相聚

奧運結束後，彥勳從雅典直接飛往美國。主要是盧彥勳的世界排名能直接參加美國公開賽會內賽，那是他第一次打美國公開賽會內賽，我跟媽媽也特地從台灣飛到美國去看盧彥勳的球賽。其實在盧彥勳的職業生涯中，我們一家人總是藉著比賽相聚，有時也在海外一起過春節。

可惜盧彥勳在第一輪的賽事碰到排名三十的瑞典選手約翰松，他跟盧彥勳同期，曾經在青少年的大阪的 A 級賽事決賽對決，這次是職業賽首度交手，約翰松 2004 年在美網還打到四強，後來因為病毒跟受傷的關係就沒有繼續打。

在美國之後，盧彥勳一連串的亞洲賽事都是由媽媽陪伴，直到九月的北京公開賽，我才又趕過去為他加油。他第一場贏了大陸第一單打朱本強，第二場輸給世界排名十四的阿根廷名將大衛‧納爾班迪安（David Nalbandian），當時能與頂尖的選手打滿三盤，對他是非常大的鼓舞。

　　但是可能因為長時間的比賽，彥勳的肩膀出了一些狀況。剛好霍爾多夫帶選手來打亞洲賽事，也隨隊來了一位運動傷害治療師，他為盧彥勳做了幾次復健治療後，傷勢就恢復了，可是費用真的非常高，我們都嚇到了，但也對復健治療有了新認識。

保分不利又受傷的一年

> 這場球看來就不容易打，
> 但我還是以直落二擊敗這位經驗豐富的老將。
> 本來開心地想著看來冬季訓練的成效不錯，
> 沒想到無法乘勝追擊。

因為 2004 年進入百大，被專業球具品牌注意到，願意提供比較好的合作條件，因此我決定趁冬季訓練時更換球拍品牌。當時試過幾家的球拍後，決定選擇 HEAD。

在之後四、五個星期的訓練中，我都是使用 HEAD 的球拍，整體感覺還不錯，但沒想到正式比賽還是有適應的問題。因為到了正式賽場，在緊張或身體出狀況的情況下，就難以駕馭新球拍，後來花了超過四個月，才真正感受到球拍跟身體融為一體，能夠揮拍自如，但球拍的不適應只是冰山一角，2005 年我的球技表現與心態都非常不理想。

當時我的大師兄舒特勒的世界排名也掉出前十，而且在冬訓的第一個星期，他動了一個膝關節的清創小手術，休養十多天就恢復訓練。當時霍爾多夫提議我與舒特勒一起去印度清奈配雙打。我從來沒有搭配過排名這麼高的選手，本來我對他要畢恭畢敬的大師兄，突然變成他身旁的搭檔，一方面讓我有點緊張，擔心自己的表現拖累他，一方面又很興奮能與這麼優秀的選手搭配，可以從中學習。

雙打冠軍挽不回單打的信心

這年的征途從印度清奈 ATP 250 的賽事開始。

雙打在我和舒特勒的搭配下獲得冠軍。起初完全沒有人看好我們，因為在四強賽，我們便遇上雙打名將利安德‧佩斯（Leander Paes）和內納德‧齊莫尼奇（Nenad Zimonjic），決賽則與當時雙打排名第一的馬赫什‧布帕蒂（Mahesh Bhupathi）和約納斯‧比約克曼（Jonas Bjorkman）交手，這四位選手囊括了四十二座大滿貫冠軍，沒想到我們竟然打贏了！這是我，也是台灣選手的第一座 ATP 巡迴賽雙打冠軍。

不過單打方面可沒那麼順利！我的第一輪也遇到印度傳奇利安德‧佩斯，由於擁有主場優勢，全場都熱烈替他加油。這場球看來就不容易打，但我還是以直落二擊敗這位經驗豐富的老將。本來開心地想著看來冬季訓練的成效不錯，沒想到無法乘勝追擊。

第二輪我對上比利時排名六十多的選手克里斯托夫‧弗利根（Kristof Vliegen），第一盤很輕鬆，第二盤領先發球，準備要拿下比賽時，卻有些分心，連續掉了兩分，追平之後被破發，內心突然有點慌，想著是不是對手做了什麼改變，讓我原本掌握比賽的優勢消失了。接著我的懷疑開始影響我的判斷，導致該打進的球沒打進，每到關鍵時刻，懷疑的惡魔就出現在心中，在信心不足下，從輸一顆球變成輸了整場比賽。

因為這場球，那幾天我一直在想「到底發生什麼事情」，本來應該是個好的開始，卻摔了一個大觔斗，還摔得不輕。於是越來越沒有自信，越來越懷疑自己。到二月時，保分的壓力慢慢出現，緊張壓力的惡性循環加上出師不利的經驗結合在一起，讓我在球場上更放不開，上半年的單打從亞洲到美洲，都沒有好的表現。

人生第一次做足了四個星期的準備，加好了油，準備要往前衝，真的快要衝到目的地了，沒想到車撞了，無法修復，就停留在原地，一直不明白「為什麼會撞車」，一直找不到感覺，就覺得很累，不想打；加上腳踝、下背等說大不大的傷勢不斷出現造成困擾，連著幾場比賽下來就是輸、輸、輸、輸、輸，排名像雪崩似的一直退到一百八十，一直到五月中，拿下烏茲別克的費爾干納（Fergana）挑戰賽冠軍，才止住排名下降。

回顧那段期間，若是我的心態能夠調整好或轉個念，或者那場球最後贏了，2005 年或許就會有不一樣的結果。雖然是事後的推論，但那場球的確是一個重要的影響關鍵。

雖然單打一直無法突破，雙打卻有不錯的進展，在一月中澳洲公開賽與鈴木貴男（Takao Suzuki）打進十六強才落敗，這也是當時台灣選手在大滿貫雙打中最好的成績，因此我的雙打排名也因此不斷上升。

保分迫在眉睫卻意外受傷

由於前一年連續幾個比賽打到決賽拿冠軍，同時期若沒相同成績，積分就會立刻被扣，因此 2005 年對我最困難的一件事就是保分，除了要穩住排名外，也是因為只有再獲勝，才能恢復我的信心。

霍爾多夫看我的狀況不好，便找了一位年輕的捷克教練詹·史多克斯（Jan Stoces）協助我重新調整。合作的前三個星期，他很努力地調整我的狀況以及心態，但我的表現依然不穩定，直到溫布頓才有些起色。我從會外賽打進會內賽，第一輪時，擊敗法國名將阿諾·克萊門特（Arnaud Clement）之後，第二輪打滿五盤輸給揚科·蒂普薩雷維奇（Janko Tipsarevic），才漸漸把自己的狀態找回來。

美國公開賽。盧彥勳與捷克教練史多克斯。史
多克斯和盧彥勳結束關係後，和世界雙打第一
的波蘭名將盧卡斯·古伯特 (Lukasz Kubot) 合
作至今。

　　暑假時我依舊往美國跑，參加幾場比較有把握的挑戰賽，拿回一些
分數；最後美國公開賽也沒打進會內賽。九月底胡志明市辦了一場全新
的 ATP 巡迴賽，我剛好在亞洲，排名又報得進去，便同時報了單打與雙
打，單打第一輪擊敗法國排名一百名內的選手安東尼·迪普伊（Antony
Dupuis）；第二輪比賽前一天是雙打，我也是搭配舒特勒，對戰馬科斯·巴
格達蒂斯（Marcos Baghdatis）和蒂普薩雷維奇的組合，第一盤還以六比三取
勝，但第二盤中，我換邊時沒有注意到舒特勒的手勢，所以發完球後，突
然看到他與我往同邊跑時嚇一跳，結果腳沒有踩穩而扭到腳踝，當下就知
道「完了」，護踝拆掉後整個腫起來，明顯可見血管破裂充血的狀態，場
邊防護員趕快幫我冰敷，比賽也終止。這嚴重的扭傷讓我的 2005 年在慘澹
排名中提早結束，以一百五十多名收場。

■ 圖 1. 2004 年，台灣加油隊
隊長李昆霖率台灣在紐約的
留學生來幫第一次打美網會
內賽的盧彥勳加油。
圖 2~4. 不論輸贏，每次離
開美國前，我們都會與當地
支持我們的朋友聚一下，吃
一頓最愛的紐約牛排。

以紐約牛排結束美國之行

　　早期盧彥勳在美國公開賽的成績一直都不好，直到 2014 年也沒有什
麼突破，我們一直在探究其中原因。我覺得最主要的原因應該是我們從七
月初就到美國，一路打到美網時，通常是我們在美國的最後一個行程，體
力與精神都耗費得差不多了，自然很難有好成績。

　　不過，紐約這邊有很多因為打球及台灣同鄉會認識的好朋友，例如蘇
春槐叔叔，由於同是台灣人，每到我們抵達紐約時，他就讓團隊住在他在
拉法盛的房子，他女兒更是台灣之光 - 美國超微半導體總裁蘇姿丰，還有
紐約台灣基督教會賴懿文牧師，李煦煦牧師娘，洪彰隆、鄭信男、許伯
丞、王偉丞等。

　　紐約算是我們在美國很大的一個據點，因此即使輸球，我們也會稍作
休息，與當地支持我們的朋友聚聚，好好吃一頓最愛的紐約牛排後才告別
美國，返回台灣。

從谷底爬升的壓力與疲累

卯起來連續打了英國、加拿大、韓國、澳洲等國家的賽事，
穿越四大洲，每個星期都要調整時差，
無論身心都已經抵達極限！

作為運動員，受傷不可預期卻隨時可能發生。發生時，只能夠摸摸鼻子，盡可能把心態調整好，每天努力地復健。但這對運動員心理是滿大的考驗，2005 年我因為腳扭傷耽誤了快兩個月的時間，趕不上正常的冬訓，於是選擇在台灣做準備。

由於 2005 年的排名不佳，2006 年勢必面臨更多挑戰，例如參加澳洲公開賽——每年第一場大滿貫賽事，就要從會外賽開始努力，每場球都很拚，非常激烈，好不容易打進會內賽。雖然第一輪敗給排名八十的義大利選手達尼埃萊·布拉奇亞利（Daniele Bracciali），但我多少也算是傷後復出，能闖過三場會外賽證明恢復得還不錯，是對自己的肯定與鼓舞，接下來就還有機會往上挑戰。

接著在夏威夷大島韋柯洛亞打入四強，更擊敗了韓國的球王李亨澤，但決賽時不幸輸給加拿大弗蘭克·丹切維奇（Frank Dancevic）。記憶中我常碰到丹切維奇，而且通常都輸多贏少。至少這場比賽拿到亞軍、排名往上衝，恢復水準後，接下來都在挑戰賽中「撿分數」，並在溫布頓第一輪輸給了美國選手羅伯特·肯德里克（Robert Kendrick）。上半年的比賽成績沒有突出的表現，但排名回升到一百一十名左右。

見識日本民間的運動風氣

2006 年的上半年有段插曲，在澳網結束後的空檔，我前往日本幫 SONY 在企業聯賽中拿到冠軍。與 SONY 結緣是由於早期經費不足時，曾透過建中學長陳威儒介紹去當「傭兵」，賺取比賽的經費。

SONY 的網球隊中也有一些職業選手，退役後在 SONY 中當職員，合作模式是預賽由他們去打，取得資格後，我再過去幫他們打複賽和決賽。但 2005 年他們輸掉預賽，我就不需要過去出賽，但SONY仍會支付我的費用。

■ 圖 1. 利用參加日本企業聯賽之餘，盧彥勳和謝淑薇、朱邦基、林家正去迪士尼樂園玩。
圖 2~4. 代表 SONY 隊參加日本企業聯賽。盧彥勳和好友午東措克及建中學長陳威儒同隊。SONY 主要部門的部長都到齊，隨隊還有防護員，簡直是國家隊的待遇。比賽時各企業的員工，主動到場幫自己的公司加油，壁壘分明。

2006 年是我們合作的第三年，剛好是 SONY 六十週年，網球隊非常期待能拿下冠軍，為了回報他們，也算作為復健比賽，我在 2005 年底預賽時就幫他們打，2006 年澳網結束後又跟午東措克一起過去，為他們拿下史上第一座冠軍，當時從球隊成員到公司總裁都非常高興，我也感染到員工對公司的向心力。

接觸日本企業聯賽時，也見識到他們的熱烈氛圍，每場比賽的觀眾席幾乎都滿場，雙方都會派出看來十分專業的應援團，還有專人帶動口號替自己的選手加油，每贏一分，就有啦啦隊吶喊，如果選手無法把持情緒，多少會被場邊的加油聲影響。對於企業聯賽都是如此重視的情況下，就可知道這個國家的運動風氣有多麼蓬勃，民間對於運動是多麼重視。

摯友、搭檔，也是競爭對手

說到午東措克，我們兩個家庭本來就已經是非常熟悉的旅行搭檔，他也請霍爾多夫幫忙後，我們的關係更緊密。除了一起比賽，也共同聘請教練。2005 年腳踝受傷前曾短暫合作過的捷克教練史多克斯，就是在這樣的情況下同時協助我們兩個人，由於無法長期聘請，唯有面對比較重要的比賽前，才會請他來幫我們調整訓練一下。

午東措克是一個有天分的選手，他曾經對媒體表示，本來我們一起訓練的初期，他練完球就去休息，並不會做體能或者重量訓練，但我練完球一定會去健身房加強體能訓練。因為住在同個房間，他很好奇我為何都往健身房跑，就受我的影響開始練體能，互相把對方當做標竿與良性的競爭對手，他的成績也越來越好，甚至有一段時間超過我。

被超越後，我當然會有感覺，甚至捷克教練也會偏向他，尤其是當

午東措克進入一百名後，教練就會安排他去打更大的比賽，這時教練當然會跟他去，因為以教練的立場，他也需要曝光的機會。但我並不想分開訓練，現實的狀況便激勵我要再加把勁，處理好自己的問題，才能在球場上有好的表現。

首度使用禁藥申請的跳蚤事件

暑假的美國賽季並不順遂，只有在溫哥華打入四強，那時我們與捷克教練的合作也告一段落，因此我哥過來擔任我的教練並準備美國公開賽。我依然從會外賽打起，不過第一輪就輸了，便留在當地練球。但沒想到半夜覺得全身很癢，起床才發現從頭到腳都是一點點被咬的痕跡，看了醫生才知道是被跳蚤咬。

由於運動員不能使用類固醇，醫生只能開一些抗組織胺的藥給我，但完全沒有用，連臉也腫起來，走在路上還有人主動要介紹我去使用某間教堂發的聖水，可能以為我被惡魔附身……。後來反反覆覆兩、三個星期，壓下來後，突然又冒出來，回到台灣，我哥打聽了類固醇的使用規則後，跟禁藥組織申請使用類固醇，才徹底解決這個症狀。

回到亞洲我又投身挑戰賽，希望能將排名拚到一百內，一方面提升杜哈亞運的種子序，另一方面希望 2007 年的澳網可以直接打會內賽，於是卯起來連續打了英國、加拿大、韓國、澳洲等國家的賽事，穿越四大洲，每個星期都要調整時差，無論身心都已經抵達極限，但為了拚成績必須盡力，所幸最後有幾場進入決賽，並在澳洲卡倫德拉（Caloundra）挑戰賽中拿下冠軍，使排名又回到一百名之內。

在澳洲卡瓦納（KAWANA）是 2006 年最後一場賽程，隔一個星期就是

杜哈亞運，此時我的體力幾乎耗盡。坦白講，表現真的不太好，單打止於八強，團體跟混雙進入四強，最後拿到銅牌。結束時，覺得非常遺憾與悵然。

申請服用禁藥類固醇的經驗

2006 年我們在美網會外賽第一輪就輸掉了，在霍爾多夫建議下，我們還是留在美國公開賽練球，那時我剛好過去幾個星期陪彥勳練球。

那時他被跳蚤咬的傷口幾乎變成蜂窩性組織炎，一度滿危急的。在紐約時，留學生郭忠豪、曾齡儀夫婦介紹我們去給紐約台灣基督教會的王愛蘭醫師看診，因為彥勳是運動員，不太能用類固醇治療，所以王愛蘭醫師只好先開抗組織胺給盧彥勳服用，暫時壓下。

回到台灣後，蜂窩性組織炎又變嚴重了，台灣的醫生判斷必須吃類固醇才能根治，但這對職業選手而言是大事，而且服用類固醇之類的禁藥必須要申請，這也是我第一次去申請禁藥的豁免。很多職業運動與世界反禁藥組織（World Anti-Doping Agency, WADA）有簽約，這是國際奧林匹克委員會發起成立的獨立國際組織，我們是第一次碰到這個狀況。

首先我必須幫盧彥勳收集台灣的醫生診斷書，然後把這資料傳送到WADA，他們會在二十四小時內開會審核，決定是否同意盧彥勳使用類固醇，若同意就會註記，日後抽檢禁藥時，會獲得這段時間的豁免，當時我們可能是台灣第一個去申請的選手。

另外值得一提的是，那一年也因為彥勳被跳蚤咬的事件，而有機會和紐約台灣基督教會的賴懿文牧師及李煦煦牧師娘認識，為了省經費，我們還住進教會的學生宿舍。

往後幾年因為教會及牧師的關係，他們還幫彥勳進行了幾次募款餐會，直到 2010 年後，在盧彥勳的建議之下，募款餐會轉而幫助台灣其他後輩選手。

提出建言卻被網協封殺

> 台維斯盃的事情爆發後，網協封殺我，媒體開始攻擊我；
> 師長前輩在不瞭解的情況下，對我都有偏見跟看法。

在職業生涯的中段，我與網球協會有過多次衝撞，當時眾說紛紜，還被扣上「盧彥勳就是愛錢，要求要有出場費」、「不愛國、不肯為國家犧牲」等帽子，但我覺得日久見人心，一路走來的作為，足以解釋我們對國家與網球的忠誠。

以不專業領導專業

2005 年，我跟網協提出台維斯盃需要明確制度與專業進駐的想法，當時我已經小有成績，也因為到處比賽，見識了許多國家隊伍的規格，也能大致判斷賽事舉辦的好壞。

當年是在台灣迎戰日本，大家都認為這樣我們可以佔有主場優勢，但事情卻沒有這麼簡單，日本隊最強的鈴木貴男喜歡發球上網，喜歡快速球場，所以照道理來講，如果要擁有主場優勢，應該要選比較慢的場地，例如硬地場或紅土，但網協反而選擇陽光山林的球場當主場，因為當時東森的陽光山林旁有一個建案正在推，他們想要炒熱那裡的周邊環境，也節省經費。

但當時那球場年久失修，為了比賽要重新鋪蓋，偏偏遇到天天下雨，在比賽前一個星期才重新鋪好表層，我們台灣地主隊除了喪失先進場練習的優勢外，球場在趕工下，底層減少，導致那個球場非常的快速，反而迎

▋ 圖 1. 2004 年美國公開賽練習。
圖 2. 2005 年盧彥勳交大表演賽。
圖 3. 2006 年第二輪的台維斯盃。

合了日本隊的喜好。

　　所幸那次台灣的選手程度不比日本弱，最後還是成功擊敗日本，算是台灣有史以來第一次擊敗日本，也是台灣首次進入亞太第一級的賽事，大家都非常高興，但選手受到的照顧與待遇卻乏人問津。

　　記得那次日本派出四位選手外，還有一位總教練、三位教練和兩位助理教練，團隊中配有穿線師、物理治療師，他們在揚昇高爾夫球球場裡訂了十幾間房間，讓每位成員可以一人一間好好的休息。台灣也是四位選手，除了我，還有王宇佐、陳迪、劉泰瑋，但只有一位教練陳志榮，當時我請霍爾多夫前來協助，並希望能再加入體能訓練或防護員，但協會覺得這樣就夠了。

　　霍爾多夫也跟網球協會建議，希望選手能多選兩個做為後備，可以陪打也可以實習，藉此培養年輕選手，所以另外還有兩位陪練員易楚寰、張凱隆，勉強有六個選手加入團隊。後來沒想到房間不夠，無法安排兩位隨隊陪練員的住宿，只好讓他們睡在球員休息室；種種問題都讓這些不顧身上有傷、放棄職業賽事來參加台維斯盃的選手，感到非常不被尊重。

參加職業賽，婉拒國家徵召被攻擊

　　後來 2006 年我因為腳踝受傷剛復出，希望能先打幾場比賽找回狀態，也爭取積分提高自己的排名，台維斯盃是五盤三勝制，要連續打三天，對體能的負荷極大，受傷的機率也大幅的提升。在當年選手受傷，協會或政府並不會提供選手任何補償，對選手非常沒有保障，甚至會影響之後幾個月的賽事。由於之前我對中國比賽時，就因為手傷硬撐，導致賽後一、兩個星期沒辦法參加任何職業賽，從 2005 年後，我一直出現大大小小的傷

勢，在沒有把握可以負擔高強度賽事前，我只能婉拒國家徵召 2006 年台維斯盃第一輪碰到巴基斯坦的比賽。

於是，當時協會選訓委員總召也是某大報體育記者寫了一篇文章，內容大致是：盧彥勳寧可在澳洲打一個小比賽，也不願意回到台灣，幫台灣打台維斯盃。他還透過其他管道讓我放棄當時進行的比賽，回台灣打台維斯盃。

當時除了要考量身體受傷的狀況外，我從澳洲飛回去還有一段時間，不一定趕得上，因此還是準備放棄參賽。最重要的是，他後來跟我哥哥說「彥勳回來，我們可以請東森王總裁給彥勳額外費用」，這個理由讓我更不可能回去打。若是大家希望我們回去，我可能會再考慮，但加上金錢的條件，若回去打，我相信這些人一定會說「盧彥勳愛錢」，我並不想落人口實。不過，似乎不管怎麼做，我都會被攻擊。

集結選手意見與協會溝通

2005 年霍爾多夫會來台灣幫忙台維斯盃的主要原因，是他一直覺得台灣的台維斯盃有我和宇佐在，只要組隊方式稍作調整，制度跟待遇適宜的話，他相信台灣會有更好的表現，因此他一直鼓勵我們，若協會有提供合理照顧，一定要參加。

即使知道這兩年的狀況，霍爾多夫還是很希望我能與協會溝通，改善這個環境。我印象非常深刻，在 2006 年日本東京公開賽時，他建議我先找宇佐談談看，然後聚集選手意見，提出我們期望協會達成的事項，看看他們的反應。剛開始我很不想這樣做，就跟霍爾多夫說，「我跟 Jimmy 也沒有好到可以一起並肩作戰。」但霍爾多夫一直覺得我應該試試，我只好聽他的建議。

我還記得當時陳迪與宇佐住在同一間房，我去他們房間問宇佐，「假設我們一起拚下一次台維斯盃，你希望協會能做到什麼？然後我們大家同心協力跟協會一起討論可能性。」宇佐很快就表示，參加台維斯盃前後需要花費兩到三個星期，他覺得應該要有一萬塊美金的出賽費，大家接著又提到需要穿線師，一人一間房等，我則很清楚表示要防護員。我將大家意見彙整後，請哥哥威儒當代表跟協會討論，看他們能夠同意哪些。第一次協會的回應十分友善，並謝謝我們提出來的意見，他們會努力看看再討論。

但第二次我們要討論這件事情時，協會的態度一百八十度的大轉變，原來他們跟體育署溝通時，在所有條件中只強調出場費，並表示這些選手就是愛錢，忽略我們的本意。體育署只覺得我們想搞事，就以優秀選手的補助獎金可能會減半等說法警示我們。

當時的選手與家人都感受到壓力，宇佐後來問我的意見，我說，「這是我們唯一把這些事情制度化並確認清楚的機會。今天我們不是在乎出場費，而是要他們能提出一個清楚的標準，我們才知道打台維斯盃有哪些待遇，才會覺得除了為國家爭光以外，我們是受重視的，但若今天過不了關，我們以後都不需要再講任何話，因為他們知道我們沒有力量。」宇佐本來也堅持我的想法，但後來因為兵役與補助獎金等壓力，只能選擇退出。

台維斯盃的事情爆發後，網協封殺我，媒體開始攻擊我；師長前輩在不瞭解的情況下，對我都有偏見跟負面看法，「為什麼你要這樣子做，你這樣子就是把錢看得很重。」感受到被打壓與不實言論的醜化，也體會到為何很多選手默默接受不平等的待遇。

之後經過李遠哲院長的調解，網協解除了禁令；當時我嘗試衝撞與爭取，最終雖然沒有突破性改善，但是我相信多少有些影響，多年後整個制度也漸漸有些調整。

2006 年盧彥勳參加英國倫敦女皇盃。第一輪擊敗了 2001 年世界青少年球王盧森堡的吉勒斯·米勒（Gilles Muller）；第二輪碰到當時亞洲排名最高的泰國名將帕拉東·斯里查潘（Paradorn Srichaphan），落敗。

難以撼動的大恐龍

　　我除了幫盧彥勳一起處理杜哈亞運的教練獎金問題外，也代表盧彥勳處理台維斯盃，所以那份聲明是我擬的，對外的訴求是希望將來我們代表台灣台維斯盃的時候，網協能給我們一定的規格保障，因為打台維斯盃會犧牲選手幾乎二至三個星期的職業賽事。

　　聲明的主要內容，第一是希望網協可將台維斯盃給選手的待遇固定，而不是由每一次的領隊決議；第二就是希望政府在準備台維斯盃時，應該多瞭解對手的習性、選擇有利於地主優勢的場地，而不是為了節省經費，白白喪失地主優勢；第三是希望協會能夠允許我們聘請自己的外籍教練一起備戰，大家一起努力拿下勝利；最後一個則希望協會能夠在比賽期間準備運動傷害防護團隊保護選手。

　　當時的秘書長謝士文雖然第一次回覆時很客氣，但其實一開始他就無法接受選手提出要求，因為那些大老覺得應該以協會為主。在他們心中認定的是，今天這是國家隊的比賽，應該是選手求之不得的機會，你不應該提出條件，所以他對外講「選手代表國家出賽還要出場費，實在不可取」，也藉由許多管道替盧彥勳扣上不愛國的帽子，連我們與宇佐、陳迪的共同朋友也都誤解我們。

　　但我們只是希望藉由在國外所見所學，透過聯合聲明的機會，一起改革協會對台維斯盃的看法與作法，而不是停留在老派思維，才有可能進步。

身體才是
運動生命的本錢

> 在溫網第一場中才打到第二盤，我就痛得受不了而棄權，
> 我無法彎腰，連整理行李都覺得痛苦不堪。

　　經過 2006 年的苦拚，照理 2007 年應該可以重新再起，沒想到三月中打完胡志明市的挑戰賽後，我的下背腰部出現問題，經過檢查，醫生判定是椎間盤突出，透過復健治療，運動加強核心後，就帶傷出賽當年四月的台維斯盃，結果賽後腰傷更嚴重，連彎腰綁鞋帶都會痛。

　　在腰傷不久後，霍爾多夫就建議我到德國治療，但一方面我覺得去德國的費用非常可觀，另一方面希望在比較熟悉的環境中治療，因此我決定留在台灣休息並治療。經過復健後，的確有緩解，在日常生活中沒有問題，但面臨長時間運動又開始疼痛。此時想到可以去國外參加 ATP 比賽，大會有專業的防護員，至少可以幫我處理一下，若狀況允許就可以出賽。於是我每天請 ATP 防護員協助做三十分鐘的治療，自己也每天做復健運動，但恢復的程度仍然不足以支撐高強度的比賽，所以打打停停。接下來就是大滿貫的法網、溫網，積分高、獎金高，不參加可惜，我就想撐到溫布頓後再做決定。

首度前往德國接受治療

這時霍爾多夫看不下去，覺得我浪費太多時間也沒有得到期望的效果，他半命令半威脅的說，「你這次不聽我的，以後不用再詢問我的建議跟想法，你就照自己的意思去做，我不會再管你了。」

果然在溫網第一場中才打到第二盤，我就痛得受不了而棄權，我無法彎腰，連整理行李都覺得痛苦不堪。當下我體會到事態嚴重，霍爾多夫立刻透過人脈聯繫，轉介我到德國世界盃足球隊的首席防護員克勞斯・伊達開設的運動傷害治療中心。我立刻買了機票到德國，行前伊達特地問我幾點會到，他把時段留給我。因此，我一抵達就被帶進治療室。治療室的牆上都是他治療過的選手照片，我看到不少是網球選手，因為他也擔任德國台維斯盃的首席防護員。

在詢問我的症狀後，他讓我躺在治療床上，接著徒手推按我腰部相關筋膜，幫助我放鬆，由於按壓都達痛點，每個地方停留二、三十秒，我忍不住「唉唉」叫，大概治療了近一個小時的時間，當我下床活動一下身體後，發現彎腰變得非常輕鬆，這可是半年來的第一次。

接著我在德國待了兩個半星期，住在治療中心樓上的房間，每天早上、下午各做一次治療，接著再做他們設計的復健運動，例如以腳踏車熱身、在游泳池中走路。也利用無重力跑步機、關節阻力機等設備輔助運動，2007 年德國就有這些先進的儀器，讓我大開眼界。

除了硬體外，我也見識到國外運動員對於身體防護的重視，我在德國時，溫布頓仍在舉行，因為溫布頓兩個星期期間的週日會休息停賽，竟有選手請伊達星期六前往溫布頓幫忙治療，星期一再飛回德國。我非常好奇伊達來回的交通、住宿與治療的費用到底怎麼算？當時我在那治療與住宿的

費用就大約花費四千多歐元。

深刻體認到防護的重要性

回到台灣後，我繼續做伊達交代的運動，漸進式地投入球場的訓練並重新調整體能，大概花了三個星期的準備，便接著去加拿大參加挑戰賽。

霍爾多夫在溫布頓時就跟我說，「教練對你已經是次要的了，反而是能防護身體狀況的治療師才是你現階段最需要的人。」他一直在幫我找治療師或防護員，最後找到一位在治療機構兼職的治療師史特凡・杜爾（Stefan Düll），他本身對運動有興趣，而且能機動地跟著我們出去比賽，於是我們就約在加拿大碰面。

經過這次的折騰，我對運動防護與治療的觀念有了重要改變，與杜爾一起工作後，更讓我感受到隨行治療師提供的照顧對於身體與比賽的影響有多大。每天到球場熱身前，他會先幫我做喚醒肌肉的按摩、動態伸展，也會傳授我各種關於復健與運動的知識，希望我未來能盡量避免運動傷害，也因為這段時間的合作，讓我們建立了革命情感，一直保持合作和密切的關係。已經是網球界知名治療師的他，也曾來台舉辦研討會帶來新的觀念與做法，並與台灣的防護員交流。

我身體在最脆弱的時候，是治療師把我拉起來，當看到身體上的改善並得到效果時，也理解到若要延長自己的運動壽命並保持競爭力，身體的防護絕對非常重要。

從那時起，我們陸續尋找防護員或治療師，並階段性、機動地組成團隊。當時的經費並不足以讓我可以同時聘請外國教練與防護員，所以若請了防護員，我就不會找教練，不過當後來經費補助越來越充裕，獎金收入

也提升時，團隊配置就陸續到位，之後還聘請了體能訓練師，讓團隊成員以各自的專業協助我在每一場比賽，取得最佳的成績。

在杜爾的協助下，我從加拿大格蘭比開始的美國賽季展開傷後的比賽，第一場賽事輸了鈴木貴男，也因為傷勢的關係，我放棄要從會外賽打起的美國公開賽，我知道不能操之過急。後來接連幾場挑戰賽中最好的成績是在十月初，獲得美國沙加緬度（Sacramento）挑戰賽亞軍。

運動傷害治療師在團隊中的角色

盧彥勳在進入世界一百名後，面對高強度的賽事和對手，導致接連的受傷，讓我們不得正視運動傷害的議題。

在霍爾多夫的建議之下，從 2007 年開始，盧彥勳正式將運動傷害治療師納入我們的團隊中。最早是從德國運動傷害首席治療師伊達的機構中認識了杜爾，由他跟著我們出去比賽。一般跟國外教練或治療師的合作，我們會跟他們先談妥一年要合作幾個星期，一來考量跨洲旅行的成本，二來杜爾是非常認真的治療師，每年有固定的時間要回去進修新的運動治療技術及知識，所以在 2008 年奧運後，我們也曾找剛離開統一獅棒球隊的治療師葉恩合作，由他和杜爾交互搭配。

後來霍爾多夫將杜爾納入他的團隊，為他旗下其他的選手服務，葉恩則在 2011 年後被大陸名將鄭潔挖角，成為中國國家隊的專用治療師。

隨著杜爾在 ATP 及 WTA 大賽中幫盧彥勳等選手治療久了，他的技術被許多大牌球星認定，包含球王喬科維奇也曾請他擔任助理治療師。此外杜爾也是世界雙打第一的御用治療師，現在更是瑞士球星瓦里卡的治療

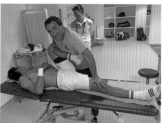

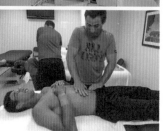

師。當然後期他一般只會和盧彥勳在四大賽、大師賽等大型賽事合作，好在 2014 年長庚醫院董事長王瑞慧成立了長庚運動醫學團隊，提供運動傷害防護員和醫療資源，並和盧彥勳合作至今，剛好和杜爾形成互補，也為盧彥勳職業生涯的後半段提供最堅實的保護。

　　杜爾也算是我們最原始的團隊之一，可以算是最瞭解盧彥勳的身體狀況。在多年的合作之下，我們有很緊密的革命情感。即便他現在沒跟盧彥勳合作，但我們還是常連絡、有很深的情誼。有幾次在大賽期間，趁著他處理完選手時，我的身體有些狀況，會請他稍治療處理一下，我會開他玩笑說，「我也算跟球王喬科維奇同等級，接受過你的治療！」

高雄挑戰賽的圓滿與感恩

> 我知道這個獎盃是許多人一起成就的，
> 這些幫助過我的人都在現場，若少了任何一個人，
> 我都沒有機會站在受獎臺上。

2007 年十一月初，我與謝淑薇聯手，在泰國曼谷舉辦的亞洲霍普曼盃（Hopman Cap）邀請賽中獲得冠軍，為台灣取得隔年在澳洲柏斯的世界霍普曼盃的參賽權，這是台灣第一次贏得這個參賽權。

亞洲霍普曼盃後，我回到台灣參加 ATP 高雄挑戰賽，記憶中這是台灣睽違十四年後再度獲得 ATP 挑戰賽舉辦權，雖然只是 ATP 挑戰賽等級的賽事，但在我心中是特別神聖的賽事。

由於之前都在國外比賽，非常希望能夠在台灣出賽，特別是已經有不錯的成績時，更希望能夠在家鄉比賽，讓國人可以在現場看到自己的表現。我覺得這場比賽的一切都是天時地利人和，也讓我非常感動。

而且從我轉職業賽開始，提攜我的人在那次比賽中都聚集於這裡。像是在球場上對我影響深刻的霍爾多夫，他剛好受邀來協助賽事；我的家人、連哥和好友們，大家都來看比賽；更難得的是邀請到李遠哲院長。

記得當時院長常出國開會，行程非常緊湊，那段時間卻剛好在台灣，特地抽空到場支持鼓勵我。從我青少年時期到爸爸過世後，院長都不遺餘力地協助我、給我機會，無條件相信我能夠完成目標跟夢想，他幫助我們

■ 圖1. 2007年十一月高雄挑戰賽頒獎時，
盧彥勳和謝淑薇將亞洲霍普曼盃的冠軍獎
盃獻給李遠哲院長。
圖2. 2007年十一月高雄挑戰賽，盧彥勳
成功為台灣留下冠軍獎盃，李遠哲院長頒
發法藍瓷特製的冠軍獎盃給盧彥勳。
圖3. 2008年一月在澳洲伯斯的霍普曼
盃，盧彥勳和謝淑薇聯手擊敗阿根廷隊，
留下台灣在霍普曼盃的第一場勝利。

兄弟度過多次的難關，動用人脈幫我們找資源，轉介企業贊助，我們才有
足夠的經費繼續往上走。在那場比賽中，在幫助、支持我的人面前，我一
場場順利打到決賽，拿下比賽的冠軍，讓我覺得總算不辜負大家對我的期
待。

　　當院長頒獎給我時，我掉下了眼淚，這應該是台灣男子選手第一次舉
起這個獎盃，但我知道這個獎盃是許多人一起成就的，這些幫助過我的人
都在現場，若少了任何一個人，我都沒有機會站在受獎臺上，因此我很高

興能透過這個成績與行動向他們致謝。

　　七年的時間很長，但又像是一轉眼，手握獎盃的我當時腦海中閃過一幕幕過往的情景，我終於可以驕傲地站在家鄉的球場上，仰頭望著天上的爸爸說：「我沒有給你漏氣。」現在想起來雖不會再熱淚盈眶，但心中還是湧現許多感動。

　　打完高雄挑戰賽後，我接著又去參加日本橫濱挑戰賽，在第三輪落敗，結束今年的賽事，那年的最終排名為一百零四名。

　　那時，我的左膝蓋開始感到不適，有了先前的教訓，這次我毫不拖延就趕緊前往德國治療，同樣是兩個星期左右的療程就改善了狀況，這個經過半年痛苦換來的領悟雖然讓我無法參與冬季訓練，卻由於及時治療，使我短時間內就讓身體準備好，面對 2008 年的挑戰。

首次取得霍普曼盃參賽資格

　　2007 年在泰國舉辦的亞洲霍普曼盃算是半邀請賽性質的比賽，也是唯一以國家形式舉行的男女混合賽事，參賽國由主辦單位決定，每年一月會有八個國家的十六位男女選手參加這項比賽。球員皆為受邀參加，但從 2007 年起，會保留一個國家名額給亞洲霍普曼盃的冠軍。

　　當時台灣排名第一的盧彥勳獲得亞洲霍普曼盃的邀請，盧彥勳希望能找謝淑薇搭檔，就透過霍爾多夫與主辦單位說明，主辦單位就依此寄邀請函到台灣，邀請盧彥勳搭配謝淑薇參賽。他們在這次比賽中拿下混雙冠軍，這是台灣第一次在亞洲霍夫曼盃中拿到冠軍，那也意味著取得 2008 年世界霍普曼盃的參賽資格。彥勳回來之後，將這個獎盃獻給李遠哲院長，李院長則把獎盃收藏在辦公室中。

沒有教練的北京奧運

> 到了北京的連哥,從頭到尾都沒辦法進到球場協助我練球,
> 比賽那天他也只能拿著體育署給他的票,
> 在觀眾席遠遠地加油。

2008 年初,我的排名離參加奧運的資格還差一點點,必須在五月前追上。當時霍爾多夫跟我說,「你還是有機會,我們的目標就訂在拿到奧運資格,所以五月前就是以爭取積分為首要目的。」為了達到目標,他把賽程排得非常密集,希望我透過有把握的比賽拿下一些分數。雖然在緊湊的安排下,打了非常多場比賽,但在杜爾的協助下,身體狀況已經不再會影響到我球場上的表現,整體狀況漸漸穩定,後來終於讓我拚到了奧運參賽資格,因此七月打完加拿大公開賽後,我就返回台灣準備北京奧運。

資源分配的不合理狀況

參加雅典奧運時,網球只有我一名選手,因此教練的名額完全沒有問題,但北京奧運的參加者除了我之外,還有詹詠然、莊佳容兩位女子選手。那次網球隊分到了一張教練卡跟一張 P 卡,教練卡可以進駐選手村,也可以跟選手進入球場練習;而 P 卡是職員的身分,不能跟選手進駐選手村,但可以跟著選手進入球場練球。

我原本想請霍爾多夫一起征戰北京奧運，但體育署表示不可能給我們教練卡，霍爾多夫覺得若沒有教練卡，跟著去也沒有幫助，因而婉拒了我的邀請。於是我又商請連哥擔任教練，但沒想到教練卡給了詹詠然的父親，P卡則給莊佳容的父親，導致連哥一張證件都沒有，就算抵達北京，也完全沒辦法協助我。

或許有人會問，兩位教練無法協助三位選手嗎？在職業賽場上，男生與女生的領域不同，兩位女選手的教練能幫忙我的事情很少，因為他們並不熟悉男子選手，因此既無法幫我蒐集戰情、分析選手，也無法幫忙聯繫其他選手，一同練球。我當時想，「作為一個選手，所有大小事情都要我自己處理，這是什麼規格？」

只能在觀眾席遠觀的教練

若是職業比賽，我隻身前往、自己處理一切，是我的選擇，但這是奧運比賽，身為國家代表隊的一員，在這個運動的最高殿堂，我不敢奢求有團隊，但希望至少能有信任的教練在旁協助處理球場上或球場外的相關事務，讓我能專心比賽。

當時我卻處於沒有教練，必須自己簽場地、約選手練球的狀況，這些事務都十分瑣碎並花費時間，若由教練負責這些流程，我就沒有這方面的壓力，可以有更多時間休息。最好笑的是到了北京的連哥，從頭到尾都沒辦法進到球場協助我練球，比賽那天他也只能拿著體育署給他的票，在觀眾席遠遠的加油，真是非常荒謬。

當有重要的比賽時，我習慣在賽前跟霍爾多夫通電話，聽取他的建議，在奧運期間也是如此。畢竟他帶過很多選手，也跟許多選手出賽過，

因此他對各個選手的習慣特性都有一定的瞭解，他在電話中針對我要面對的選手提供相關建議，像是戰前的分析，協助我做戰術的準備，我就參考他的建議準備每場的比賽。

為爭一口氣打入十六強

這場比賽我本就不被看好，加上沒有教練協助練習，感覺更淒涼，但當第一場迎戰英國的希望安迪‧穆雷（Andy Murray）時，我一路緊咬著他，第一盤搶七後拿下，第二盤更以六比四破了穆雷一個發球局拿下，最終直落二擊敗他，也算爭一口氣。

第二輪以六比四、六比四擊敗排名五十二的阿根廷選手阿古斯丁‧卡萊里（Agustín Calleri）進入十六強，第三輪則是以二比六、四比六輸給奧地利選手于爾根‧梅爾策（Jürgen Melzer），但十六強是台灣在奧運網球單打

中最好的一次成績。

　　我的成績引起國內媒體的關注，在賽後的訪問中，我把這次團隊無法進到奧運會場協助自己訓練的事情全部說出來。經由媒體報導後，無論體育署或網球協會都受到國人的批評，各方也開始檢討奧運缺失與教練制度，那次造成非常大的風波，也延燒了好幾天，直到蘇麗文因傷堅持的新聞後，整個消息才稍微冷卻。

　　事後網球協會與體育署重新修改教練制度，重點是以性別分配，以排名優先。當只有一個隊員的時候，教練卡自然屬於那位隊員的教練；若有兩位以上，又男女都有時，教練卡先給排名高的性別，若有第二張教練卡才給另外的性別。若有兩張教練卡，又多一張 P 卡時，則男女雙方各有一張教練卡後，由剩下沒證件的男女選手排名高者取得，以此類推。這個事件在當年帶來極大衝擊，好在後來也促成了改變。

越不被看好越要爭口氣

　　北京奧運之前發生了一件令人生氣又好笑的事情。

　　當我和盧彥勳在前往桃園機場的路上還沒到南崁時，我就接到某報的記者打電話給我。他說，「你知道北京奧運盧彥勳第一個抽到的是誰嗎？」我表示不知道。然後他又接著說，「你們第一輪就抽到世界排名第六的英國希望穆雷，你們有什麼想法嗎？」

　　我記得當時笑笑地回他，「有什麼想法，抽到就打，難道抽到了世界第一就直接不要去？反正抽到就打打看，也許有機會把他打下來吧。」彥勳則附和著開玩笑說，「反正還沒到機場，我們回去也還來得及。」沒想到我說得真準，盧彥勳很爭氣地打下穆雷，拿下第一輪的勝利。

圖 1. 2004 年盧彥勳在英國倫敦獲邀和幾位球星參加時尚派對，包含了前世界球王俄羅斯的馬拉特‧薩芬（Marat Safin）。

圖 2. 2009 年赴非洲肯亞孟巴薩做冬季訓練。

圖 3. 冬季訓練時的晚餐：烤海魚。

圖 4. 盧彥勳與日本名將鈴木貴男合影於首爾挑戰賽。兩人曾在 2005 年搭配雙打，打到澳洲公開賽的十六強，是他們兩個在澳洲公開賽雙打的最佳成績。

傷病來襲，
不停「進廠維修」

> 沒想到手腕疼痛剛好，就面臨嚴重的病毒感染，
> 肝指數飆高，免疫力盡失，只能休息不能練習，
> 錯失了一、兩個月的賽事後，開始拚命追分。

南半球澳洲的一月間，熱得令人難以忍受。但為了澳洲公開賽，值得。

來到墨爾本前，我已經在霍普曼盃、奧克蘭公開賽熱身，這次葉恩也跟我們一起參賽，讓我彷彿有了定心丸。與葉恩的合作開始在 2008 年的十月，當我在莫斯科因腳扭傷而棄賽時，後面還有一連串比賽，我哥在台灣緊急聯絡到葉恩，問他是否可以到塔什干協助我，葉恩獲知後很「阿莎力」的就飛過來，經過葉恩的處理，四、五天後我不但能順利出賽還獲得冠軍，由於是等級最高的挑戰賽，我拿下一百二十五分的積分，排名也躍升到六十幾名。

葉恩原本是服務於棒球隊的防護員，我們最初是在雅典奧運的選手村中認識，在北京奧運又碰面時，獲知他想要往不同領域發展，由於我的防護員杜爾沒有辦法每個星期都跟著我，於是請我哥持續跟葉恩聯繫，沒想到沒多久就有合作的機會。

我與葉恩都是積極認真的人，非常談得來，打球之外的日子有他陪伴

後，一起哈拉打屁，時
間過得更快，配合的默
契也相當好，於是就此
展開長久合作並一起到
澳洲。

手腕受傷又飛德國

　　由於排名夠前面，
2009 年的澳洲公開賽
我直接打會內賽，第一
輪對上巴西新秀選手托
馬斯・貝魯奇（Thomaz
Bellucci），他左手持
拍，無論是硬地、紅
土，都打得非常好。上
場前我就知道不好打，
後來還是以侵略性的打
法拿下這場比賽。

■ 盧彥勳在 2009 年的澳洲公開賽中擊敗阿根廷名將納爾班
迪安，納爾班迪安才在前一年的年終八強賽贏了費德勒，
因此打贏這場對盧彥勳來說，有非常重大的意義，當時在
場的海外加油團也都非常興奮。

　　緊接第二輪才是關鍵，我對上排名前十的阿根廷名將大衛・納爾班迪
安（David Nalbandian），他前一年才在年終八強賽贏了費德勒得冠，上一
場雪梨公開賽也順利封王，我想他的狀態應該十分好。

　　我曾經跟他交手過，還算瞭解他的球路，也滿喜歡他的打法，覺得
還是有跟他一拚的機會，結果我們纏鬥快四個小時，第五盤時我完全壓制

他，最後贏得比賽。

打贏排名前十的選手是非常重大且有意義的勝利，能進入第三輪則是我在大滿貫賽中一個新突破。整體的自信心立刻扶搖直上，也期許自己接下來還要有更好的表現，但有了期待，患得患失的心情便隨之而來。第三輪雖以直落三敗北，卻是我在澳洲公開賽中最好的一次成績。

好成績的背後，又出現了傷痛的陰影，原本年初手腕就開始偶爾會疼痛，此時連拿起水壺倒水都痛，這狀況並不正常。霍爾多夫知道後，要我立刻飛到德國，找了手腕的權威醫師替我診治。當下醫師本來判斷要動手術，我大受打擊，後來等我照完片子再評估時，醫師建議先止痛做復健，暫先以保守的方式處理，會比直接做侵入式的治療好。至於會發生這種症狀的原因是關節軟組織撕裂，動手術可以修補傷痕，但由於手腕關節很精細，手術完的復健才是最大工程，因此能不動手術就不動。

醫生先幫我注射藥物，並囑咐要休息三天。之後我還進行兩個多星期的復健才開始練球與比賽。因為手腕的傷勢，睡覺時還要將手固定，以免熟睡後會不自覺拗到，因此我有四、五年時間都帶著護具睡覺。

病毒感染免疫力盡失

手腕狀況恢復後，接下來的比賽都打得不錯，印地安泉和邁阿密的大師賽都打到第二輪，因此準備在紅土賽季前去歐洲多打幾個硬地挑戰賽，其中有一段先去西班牙的小島，一個星期去以色列，但在西班牙打到第三輪時，椎間盤突出的問題又復發，我只好棄賽。

當時只想必須用最有效率的方法處理，於是跟葉恩兩個人買機票飛德國，直奔首席治療師伊達的治療中心，請他們幫我治療兩天，然後掐準時

圖 1. 盧彥勳獲得以色列
挑戰賽冠軍。
圖 2. 2009 年受到病毒
感染。大病初癒後，在溫
布頓的第一輪就抽到費得
勒，真不知是上帝的安排
還是命運的捉弄。

間搭飛機趕往以色列出賽。這次的做法非常有效益與幫助，才使我有機會
奪得這一站的冠軍。

　　我的「得意」維持沒多久，身體又出了狀況。在以色列領獎時，我開
始頭痛，接著發燒，移動到土耳其也不見好轉。堅持要訓練的我，慢跑十
分鐘就快暈倒，吃了消炎退燒藥睡了一晚，隔天一早依然全身癱軟。不知
道自己哪來的意志力，還是背著包包去了球場。

　　第一盤我還領先，到第二盤已經像一顆快沒電的電池，體力也撐不下
去，但仍然沒有棄賽，打到第三盤輸掉比賽才就醫。大會的醫師把我轉到
大醫院，拿了藥回來吃，持續了白天虛弱，晚上發燒的一個星期。後來葉
恩先回台灣，我一個人前往奧地利繼續比賽，期間霍爾多夫很擔心我，要
我趕緊去德國，他已經幫我安排醫生。但我還是去打了第一場比賽，第三
盤突然開始下雨，我也突然覺得不想撐下去了，馬上跟裁判說身體不舒服
要棄權，便打包行李搭火車前往德國。

　　一大早，霍爾多夫就帶我去醫院抽血檢驗，要下午才能看報告。我
記得當時還跟霍爾多夫說，「法網快到了，我想要練習。」但到球場打了
二十分鐘就喘不過氣；上跑步機跑不到五分鐘，皮膚就出現瘀青。

回程路上霍爾多夫接到醫院打來的電話，我感覺到他非常緊張，原來對方已經拿到檢驗報告，先打電話請霍爾多夫讓我停止任何激烈運動，因為看起來是病毒感染，血小板已經趨於零，若用力過度或受傷就可能大量出血；此外，肝指數飆得很高，目前沒有藥物可以治療，要靠自己的免疫力康復，而且必須等所有指數都正常後才能繼續練習。

　　雖然停止練球，我依舊跟著他們去了巴黎。法國公開賽開始時，霍爾多夫說，「你人都到這裡了，就下場試試，打一、兩局不行就棄權，畢竟打會內賽的資格與獎金是之前辛苦比賽換來的，不拿白不拿。」我就聽他的，真的下場打然後棄權。

　　接著是一段心理負擔非常大的辛苦日子，我每個星期驗血看報告，大概經過四個星期後，終於所有數字恢復正常，可以趕上溫布頓。

▎首爾挑戰賽，盧彥勳曾經在這裡連續三年單打拿下冠軍，包含 2010 年、2011 年，以及 2012 年。

就在大病初癒，疏於練習後，溫布頓的第一輪就抽到費德勒，雖然應該會是很棒的經驗，但在完全沒有準備下面對當時世界排名第二、草地表現最好的選手，真不知道是上帝的安排，還是命運的捉弄？

春川辣雞帶來的好運氣

2009 年的上半年都在傷病中度過，溫布頓結束之後當然就是積極趕分數的日子。到十月底時，我的排名掉到一百一十八，若無法再拿一些分數，隔年可能沒有機會打澳洲公開賽。

記得當時因為輸球就脾氣不好，也有點意興闌珊。我哥來到首爾找了我和葉恩一起討論。他說，「若你想要拚春川這一站，我們就全部陪你去，反正這當我們的最後一站，也不用多想，能打下來就打下來，不能打下來就休息。」我試著放下保分的壓力，轉變心態後出發。

於是，我們三個風塵僕僕地搭巴士前往春川，十一月初的春川非常寒冷，氣溫已經降到攝氏零度，我們住的地方又冷又簡陋，但我這一站打得很順，贏過一場又一場，不知是否每天都吃春川辣炒雞的緣故，運氣似乎變好了，最後拿下冠軍，排名也回到一百名內，有驚無險地結束了多舛的 2009 年。

■ 盧彥勳在春川挑戰賽中，拿下單打冠軍。

圖 1. 盧彥勳和南非選手霍伊斯特,拿下首爾挑戰賽雙打冠軍。
圖 2. 在春川挑戰賽中一連吃好幾天的辣雞,讓盧彥勳一行人的印象深刻。

威儒
Talks

打贏繼續吃同一家餐廳的傳統

2009 年底春川這一站真的非常刻苦,但也留下有趣的經驗。第一天抵達時,當地人跟我們講,「來春川一定要吃春川的辣炒雞肉」,就是用韓國辣椒醬炒雞肉,再放些青菜一起炒。我們第一天就去了一間大家推薦的餐廳,老闆熱情地跟我們聊天,說他跟李亨澤從小就認識,店內牆上的確也掛滿李亨澤的照片。

然後,第一場賽事打得很順,結束後我們又去那間餐廳用餐,因為我們有個傳統是在哪家吃飯後贏球,當天要再去那家吃。所以在春川期間,因為一直贏球,所以幾乎每天都來這間店用餐,連老闆看到我們都覺得很驚訝。第六天,老闆又看到我們時就說,「你們真的太厲害了,我請你們喝飲料。」

決賽的前一天晚上,葉恩說,「我真的受不了,今天你們可不可以幫我點一碗冷麵。」因為吃了整整一個星期的春川辣炒雞肉,他每天上廁所都很不舒服。

總算後來拿下冠軍,大家便飛快地打包行李,坐著下午的巴士直奔首爾,我們三個人當時都想著,到了首爾不管吃人參雞或烤肉都好,就是千萬不要再吃春川辣炒雞肉了。

溫布頓的一戰成名，讓盧彥勳受到前所未有的
關注，不只在於台灣，更來自世界！2021 年
他第五次代表台灣參加奧運，也在同時宣布他
將退役，結束二十年來的世界征戰。但對盧威
儒和盧彥勳兄弟倆而言，這將是另一個里程碑
的起點，未來，他們將把二十年來的經驗轉化
為培育台灣網球選手的養分！

03

下一階段目標的啟航

攝影@高啟舜 KAOCHISHUN

打進溫布頓八強一戰成名

> 霍爾多夫走過來拍拍我的肩膀說,
> 「You do the incredible job.」我開玩笑回他,
> 「會不會有人在我的水裡放了東西,讓我喝了可以打贏?」

對於職業選手而言,大滿貫賽獎金多、積分高,打得好,排名立刻上升,但隔年若無法維持戰績,待積分消滅後,摔得也特別重。如同我 2009 年在澳洲公開賽打出自己最好的成績,進入了第三輪,而 2010 年第一輪就落敗,排名立刻掉到一百二十五名,心情如雪上加霜。

防護與體能雙管齊下

2009 年傷病不斷,雖然「進廠整修」後恢復得不錯,但澳網似乎沒有找回較好的狀態。為了累積積分,上半年還是要以 ATP 賽事為主,霍爾多夫為我安排了緊湊的比賽,在五月前我已經飛遍五大洲,即使那年冰島火山兩次噴發造成航班大亂,停飛、迫降、臨時轉機換票都令人困擾,但那段期間我仍打了很多比賽,似乎漸漸從谷底爬升,能以較好的排名參加大比賽,身體狀態也一直維持得不錯,脫離了去年的陰霾,這要感謝杜爾幫我注意調整與防護,他利用各種物理治療或訓練,讓我維持與增強受傷的部位,一直到打完法國公開賽都很順利。

2010 年年初，霍爾多夫跟我說為了準備溫布頓的賽事，法網之後他會親自來協助我。霍爾多夫這次還帶了一位阿根廷籍的體能教練加入團隊，以往都是杜爾和葉恩兼任體能教練，他們兩個大都從保障我身體的角度設計體能動作；這一次有專業的體能教練隨行，使我對體能訓練有了不同的體認。當訓練重點改變，身體受到不同的刺激後，便激發了潛在的力量，沒想到透過兩個星期的調整，我明顯感受到身體的改變，有點像是打通任督二脈，提升了球場上的整體表現。而且為了準備草地賽事，我還特別回德國集訓了一段時間。

開誠布公溝通以解開心結

身體狀況調整好了，但賽前的情緒卻因為對霍爾多夫的誤解而十分低落。

那段時間霍爾多夫同時在帶蒂普薩雷維奇，我一方面覺得霍爾多夫好像比較重視他，另一方面我確實感受到霍爾多夫的心思沒有放在我身上，例如每次在練習時，我都準備好了，但他會出去接電話，似乎還在處理其他事情，以前從不會有這樣的狀況，這讓我心裡很不舒服，也影響了我的情緒。

於是在溫布頓賽前的周末，我約霍爾多夫出來把事情講清楚，因為若帶著情緒合作，不是一個好的狀態。所幸與外國人溝通可以非常直接，而真相讓我有些錯愕。

原來霍爾多夫的媽媽在前幾天過世，他只能透過電話與在德國處理喪事的哥哥聯繫。霍爾多夫說，他考慮過要不要跟我說這件事，因為六、七年來，每次去德國我都會去長照中心探訪他的母親，也算熟識，但又擔心

影響我比賽的心情，所以沒有跟我說。恍然大悟後，我心裡的懷疑、不舒服與負能量全都消失，重新感受到自己多麼期待比賽的來臨。

這次談話對我非常重要，除了讓我清除雜念，專注地面對比賽外，更是人生的突破。我一直將霍爾多夫當作長輩，畢恭畢敬，以往若有這樣的事情發生，我都說服自己「不要想太多，不能對長輩有所懷疑」，但這次卻鼓起勇氣主動解決心裡的不舒服，這種從心態到行為上的改變讓我認知到「想得再多都不如親身的行動」，這樣的感悟讓我在日後遇到阻礙時，都能以更明快的方法面對問題。

連贏三場，信心大增

前幾年的溫布頓我都只打完一輪，但我在 2010 年的表現確實十分突出，先輕鬆打贏了排名四十四的阿根廷選手奧拉西奧・澤巴洛斯（Horacio Zeballos）；接著擊敗波蘭的選手米哈鳥・柏茲西茲尼（Michal Przsiezny），進入第三輪時，我已經追平自己在大滿貫的紀錄，突破自己在溫網最好的成績。成績保底後，心情就輕鬆了，接下來贏的每場比賽都是將成績往上推的紅利，可以毫無負擔去拚。

第三輪遇見弗洛里安・邁爾（Florian Mayer），他是很強的草地選手，打法很奇怪，擊球的節奏也詭異，我實在難以適應，之前總輸給他。霍爾多夫提醒我「這場不好打」，還好之前有對戰的經驗，遇見刁鑽的球路倒也就見招拆招，沒想到拿下兩盤後，對手因身體有狀況而棄權，我不但贏

圖 1. 盧彥勳和大師兄舒特勒於 2005 年在印度清奈公開賽（Chennai Open）拿下第一座 ATP 巡迴賽雙打冠軍。
圖 2. 加拿大羅傑斯盃（Rogers Cup），留學生組團幫盧彥勳加油！
圖 3. 美國網球公開賽。
圖 4. 溫布頓網球公開賽。

了這場球還節省了體力。

　　說到體力，這次同時和蒂普薩雷維奇搭檔參加雙打，最後一路打到十六強，單打、雙打輪流上場的節奏下，其中一場雙打還打滿五盤，體力的負擔很大。但這是大滿貫賽，雖然我專注在單打上，但雙打有取得成績的機會時，我也不會放過；雖然獎金是因素之一，但當時蒂普薩雷維奇第一輪就輸了，只等著雙打比賽，我當然要跟他一起努力。

沉著應戰獲得勝利

　　十六強對安迪・羅迪克（Andy Roddick）之戰是在星期一，因為星期日休戰，獲得充分休息的機會。這是我職業生涯中非常重要的一場比賽，大家都知道我在溫布頓這場比賽中擊敗了羅迪克，但其實這是我一年中第三次遇到羅迪克。

　　第一次是在二月曼非斯（Memphis）巡迴賽十六強，第二次是三月印地安泉大師賽的第二輪，因此我對於他的發球位置與速度甚至大致的策略，都有一定的瞭解；加上之前已經贏了三輪，自信心提升不少，比賽過程中即使失分，也不會像以前一樣自我懷疑，我可以感受到自己的心理狀態與往常顯著不同，事後回想，這可能就是贏球的關鍵。

　　從客觀的資料統計來看，我沒有能力贏羅迪克，但只要有百分之五的機會，我就會努力朝這個方向前進，想著「就算之後輸了，我也要弄得他沒那麼簡單打贏，就好比若我是一隻小蚊子，我也要叮到他滿身包，讓他永遠記得這場比賽的對手。」

　　整場比賽我都很沉著，只不斷告訴自己，「盡力打這場比賽就好」。因此最終打了五盤，歷經四個多小時才贏得比賽。雖然後來在八強賽敗給

了喬科維奇，但我已經寫下了台灣男子選手首度進入溫布頓八強的紀錄，也是大滿貫四大賽中最好的成績。

贏球後，我還想自己是不是在作夢，不敢相信我竟然打贏了羅迪克。霍爾多夫走過來拍拍我的肩膀說，「You do the incredible job.」我開玩笑回他，「會不會有人在我的水裡放了東西，讓我喝了可以打贏？」

跟羅迪克打完已經晚上七點多，贏球的興奮與激動在走出球場就消退，來不及慶祝勝利的喜悅，我就趕快回住處喝高蛋白飲品準備休息，迎戰第二天中午的雙打。當時屁股和腳都十分痠痛，靠著葉恩盡力幫我放鬆才舒緩恢復；第三天則又是和喬科維奇的單打硬仗，我雖敗猶榮。

事後，霍爾多夫跟我說，若讓他再做一次選擇，當我打贏羅迪克後，他會希望我退賽雙打，專心準備跟喬科維奇的比賽，說不定對於跟喬科維奇的單打賽會有幫助。我相信這樣做絕對會有所幫助，畢竟只要站上溫布頓的球場，即使失敗都要打滿三盤，碰到強勁的對手還要纏鬥五盤，除了體力的耗費外，壓力也會折損心理素質。因此，少了雙打的體力耗損少，面對下一場單打，相對能讓我在球場上有更好的表現，但會不會改變最後的結果？我不敢確定。

但這是個寶貴的經驗，往後若再面對類似的狀況時，我們就會多加考慮如何做出取捨。球場如戰場，需要戰略與戰術，永遠需要有討論的空間，才可以從經驗中學習成長。

對於一個職業選手而言，進入大滿貫八強是多麼困難的一個里程碑，當時亞洲已經有十五年沒有選手進入四大公開賽的八強。我是一個平凡人，踏入職業網壇時也不被看好，但我能達到這個階段，就表示每個人都有機會；而在職業賽場上更不要因為面對名將，就先建立困難的門檻，自我放棄。我希望自己的成績能激勵其他選手，如此的意義遠大於單純的一場勝利。

圖 1. 盧彥勳、霍爾多夫及塞爾維亞選手蒂普薩雷維奇。

圖 2. 盧彥勳於 2010 年美國公開賽接受東森新聞的採訪。

圖 3. 盧彥勳參加北京公開賽時,和球迷合影。

圖 4. 盧彥勳在 2010 年北京公開賽和德國的邁爾搭配,打到最後八強,輸給了雙打世界第一的美國布萊恩兄弟。

圖 5. 2010 年首爾挑戰賽,盧彥勳拿下單打冠軍。

終於成為媒體寵兒

盧彥勳在溫布頓連贏三場，要對戰羅迪克時，台灣的媒體跟國人已經開始注意到這場比賽，我那時在中研院上班，到餐廳吃飯時，連我不認識的同事都開始在討論盧彥勳。耳邊一直傳來「台灣有一個選手在溫布頓」、「盧彥勳已經贏了三場」……

贏了三場進入十六強，已經創下台灣男子選手在四大賽裡最好的紀錄，在碰到羅迪克之前，我們真的沒預期到盧彥勳會贏，只希望他能好好發揮，把比數拉近一點就算成功了。

但在那一刻，台灣時間凌晨三點左右，我跟我媽一直守到半夜，最後看到他贏球的畫面，看見他舉臂歡呼、直指上天時，在台灣的我們，情緒也非常激動。

接著出現許多意想不到的情況，手機不斷地響，跳出非常多的訊息，媒體記者不停地打電話來恭喜，想要約訪。因為我整晚沒睡，天亮後還要代表中研院參加中央機關盃運動會。我一進到國體嚇了一跳，沒想到媒體記者知道我要去參加比賽，全部在國體等著我，然後在國體網球場門口，一排麥克風圍過來，希望我對盧彥勳的賽事發表看法與感受。

那天晚上還收到劉寶傑「關鍵時刻」的節目邀訪，但當我接了那個節目之後，所有節目邀約全部湧進，我完全沒有預期會有這樣的盛況。一時之間，所有新聞包含政論節目都在報導盧彥勳。

我沒有預期事情會如此發展，但盧彥勳矽谷後援會的會長翁嘉盛先生意識到了，並開始幫我安排後續應對媒體的事宜，他帶我去找了雄獅旅行社的董事長王文傑先生，當下他就指派旗下員工幫忙處理媒體事務，緩解我當時的忙亂狀態。

在輸贏間
調適心態的困境

> 挫折的情緒就像烏雲一直籠罩著我,
> 後來開始贏了幾場比賽,
> 漸漸到五、六月的草地賽才有了曙光。

　　當 2010 年在溫布頓有突出表現後,除了更加自我要求外,也感受到國人的期待。當期望值提升後,我不容許自己打不好,更不容許失敗,因此,之後的兩、三年,只要一上場比賽,我就感到非常大的壓力。

鎖定大型賽事,所遇對手都是厲害角色

　　2011 年年初的世界排名衝到三十三,非常高。為了保持戰績,除了四大賽外,我還鎖定一些 ATP 大賽事,如 ATP250、ATP500,甚至 ATP Masters 1000 大師賽,行程也排得很誇張。

　　澳網結束之後,我先飛到南非的約翰尼斯堡,接著鹿特丹、曼非斯、杜拜,幾乎是環繞地球。在較高等級的重點賽事中,我剛好都在第一輪就遇到世界排名非常前段的選手,只要心態有一點不穩定或自信心稍微不足,很容易就影響場上表現而輸球。事實上,從年初雪梨公開賽起,我連

續六個比賽都是第一輪落敗，排名驟降，立刻面臨積分保衛戰。

坦白說，在 2011 年剛開始時，我真的打得很糟糕，負面、沮喪的情緒不但影響球場上的我，走下球場也有些混亂。我記得有次在荷蘭鹿特丹比賽時，本來覺得有機會拿下那場比賽，但最後以些許差距輸掉。那時台灣駐荷蘭辦事處的一些台灣朋友到場邊幫我加油，我恍恍惚惚與對手握完手就直接走向防護員，然後低著頭離開球場。

回到飯店收到我哥的訊息，他說有人抱怨賽後要找我照相，我都沒有理會。我才意識到自己雖然沒有聽到有人要跟我照相，但當時的確應該要與場邊的台灣朋友互動，感謝他們來幫我加油，但我那時沉浸在輸球的沮喪中，完全沒有注意到這些事情。

漸具規模的台維斯盃團隊

接著在杜拜因重感冒中途退賽，回到台灣治療後，緊接著要參加三月四日至六日的台維斯盃，那一年我們抽到了中國，第一輪我們要去上海比賽，這次網協參照我們的要求提升了團隊的規格，教練霍爾多夫、治療師杜爾也是其中成員，領隊是龔元高先生，何國龍教練也一起過去，還有兩個陪練員，其中一位是王介甫。

那次的天氣非常奇怪，氣溫接近攝氏零度，有一天甚至還飄起雪，雖然練習的球場是室內球場，但空間是半開放的，冷風灌進來非常冷，場邊的團隊成員還去買毛毯，這種氣溫也影響了選手們的發揮。

比賽是在上海仙霞網球中心舉行，我第一場個人單打對吳迪，由於氣溫低，球的彈跳力變弱，非常適合吳迪那種平推的打法，我跟他戰了五盤就是沒辦法拿下來；第二天雙打與楊宗樺搭檔，對上公茂鑫與李喆，打了

四盤獲勝，贏得一點；然後，第四場我打下公茂鑫，但最後楊宗樺第五點輸了，那次台灣以二比三輸給了中國隊。

台維斯盃後，緊接著我前往美國參加印地安泉跟邁阿密兩場大師賽，兩場比賽都是打到第二輪，值得一提的是，印地安泉第一輪擊敗前世界球王澳洲的萊頓・休伊特（Lleyton Hewitt），第二輪第一盤贏，第二盤有機會贏卻沒拿下後，腦海中就浮現出之前不好的經驗並影響了情緒，後續就輸了比賽。之後的巡迴賽也沒有任何成績可言，到了四月底都沒有拿下足夠的分數，情況非常緊急。

面臨龐大的保分壓力

挫折的情緒就像烏雲一直籠罩著我，後來開始贏了幾場比賽，漸漸到五、六月的草地賽才有了曙光。

因為排名夠，我從美國直接參加馬德里公開賽，沒想到第一輪贏了西班牙選手費爾南多・貝爾達斯科（Fernando Verdasco），他當時世界排名十七，我贏得有些意外，畢竟熟悉網球的人都知道，要在紅土打贏他並不容易，而我自己在紅土的把握本來就沒那麼高，況且馬德里中央球場還是在他的主場，擊敗他使我對自己的表現稍微有了點信心，抓回了感覺。

六月中，我又來到溫布頓，這次哥哥飛過來陪我，趨勢科技創辦人張明正及陳怡蓁夫婦也到現場為我加油。因為去年是八強，今年只要第一輪輸掉，就是八強的分數直接扣，「砰」一下就會掉出一百名外。

回到這個去年曾經表現不錯的球場上，雖然不敢說自己的狀況好，但心裡多少踏實一些，也比較有信心。前兩場都贏了，第一輪打敗了托米・羅布雷多（Tommy Robredo），他曾排名世界前十；第二輪贏了排名十二的

■ 2011 年傳奇再現夢幻球星邀請賽邀請了前世界球王美國的阿格西（Andre Agassi），俄羅斯的薩芬（Marat Safin），世界前十的俄羅斯選手尤茲尼（Mikhail Youzhny），台灣的盧彥勳及王宇佐，在台北、高雄進行表演賽。

賽爾維亞選手維克托‧特羅伊茨基（Viktor Troicki），兩場都直落三，草地該有的感覺似乎都掌握住了，也開始比上半年進步。比較可惜的是，接著遇到法國選手米卡埃爾‧洛德拉（Michaël Llodra），他是一個左手持拍發球上網的選手，最高世界排名是二十，雙打的部分是世界排名第一，所以他在網前和草地經驗非常豐富，幾乎沒有讓我有插入的間隙，即使找機會將他逼到底線，他也打得很順。

當我把球放慢，準備耐心調度時，他又抓著機會不斷上網進攻，利用旋球擾亂我的擊球，打起來真的是心有餘力不足，他算是我的死敵，這次似乎也難逃命運，只能止於三十二強。

平心而論，相較於前一年的前兩輪比賽，這次的對手無論整體排名或實際能力都更強，而我都過關，表示自己的狀況不錯，這兩場支撐了我下半年的信心，讓自己能以正面的態度面對未來的賽事。

扣掉 2010 年溫布頓打入八強的三百六十分後，此刻我的積分大減，排名退到八十五，下半年必須快馬加鞭追分，於是我先往美國去打一系列的 ATP 賽事，慢

■ 圖1. 2011 年台維斯盃對上中國隊於上海進行比賽，全體隊員合照。
圖2. 運動傷害治療師杜爾幫我伸展熱身。

慢累積分數，提升排名。在亞特蘭大公開賽跟洛杉磯公開賽，我打到了最後八強，加拿大大師賽也贏了一輪！八月底到紐約打美國公開賽，不可否認運氣很重要，因為第一輪就遇到世界排名十一的法國選手若–威爾佛里德·松加（Jo-Wilfried Tsonga），無功而返。

2011 年最後以些許佳績畫下句點，九月先在寧波拿下寧波挑戰賽冠軍，然後首爾挑戰賽決賽時以七比五、六比三打贏重新復出的王宇佐，衛冕成功。世界排名在七十左右。

參加表演賽的難得體驗

2011 年盧彥勳的第一場賽事是表演賽，由蓬勃運動公司舉辦的「傳奇再現，夢幻球星邀請賽」這個是台灣有史以來第一個網球表演賽，分別在台北的小巨蛋跟高雄的小巨蛋，邀請到美國阿格西、俄羅斯沙芬和尤茲尼，台灣則有盧彥勳、王宇佐。

這場比賽算是滿成功的，表演賽第一場是由盧彥勳和尤茲尼一盤單打，這兩位線上選手打起來的強度十足；接下來沙芬對阿格西，在一開始雙方熱身時，我聽到觀眾席上有人說，「沙芬和阿格西打起來就是有世界球王的架勢，抽球非常強勁，盧彥勳他們真的沒法比。」這是一場三盤兩勝的比賽，第一盤打得很認真，沙芬很快贏了阿格西；但因為是表演賽，第二盤沙芬就放慢速度，以輕鬆搞笑的方式展開，讓球迷們覺得很有趣。不久後，我又聽到觀眾席上有人說，「花了這麼多錢來看這樣強度的比賽，大部分在搞笑，真不值得。我花一萬六千都可以飛到上海看大師賽了，那些選手都很認真打球，不像這裡歹戲拖棚。」這些不經意在觀眾席上聽到的對話滿有趣的，也感受到球迷的心思真是很多樣啊！

將心比心引領新生代

由於自己在轉職業賽時，曾因財務困頓受到許多人的照顧，
因此也想協助有天分的年輕選手獲得資源與栽培，
以便讓他們能盡快在職業賽場上取得好成績。

2008 年後，我的排名幾乎都維持在一百之內，加上打了幾年的經驗，
在賽事上也慢慢有固定的行程安排。

例如每年第一站大概就是以印度或奧克蘭的賽事熱身，2012 年的第一
站同樣先到印度清奈，接著飛往澳洲公開賽，澳網第一輪遭遇以前常搭配
雙打的好友——南非選手里克·德·霍伊斯特（Rik De Voest），他的球風
穩健，最後打滿五盤，我擊敗了霍伊斯特；第二輪贏了法國選手弗洛朗·
塞拉（Florent Serra）；第三輪強敵當前，對到前一年美國公開賽冠軍阿根
廷名將胡安·馬丁·德爾波特羅（Juan Martin del Potro），雖然被直落三擊
敗，但這是我繼 2009 年後，第二次在澳洲公開賽中打到第三輪。

行有餘力，提攜後進

這次在澳洲我帶著另外一名台灣小將王介甫，我們一起請了科羅埃西
亞教練，並一同轉往塔斯馬尼亞島的伯爾尼（Burnie）挑戰賽。

與王介甫的機緣要回溯到 2010 年溫網結束之後，我開始有一些廣告代

■ 圖 1. 清奈公開賽，盧彥勳的部分團隊成員。左一，運動傷害治療師德國杜爾，體能訓練師阿根廷的伯爾尼‧卡貝羅（Berny Carberol）。

圖 2. 法國公開賽的中場休息。

言的收入，經濟狀況好很多。由於自己在轉職業賽時，曾因財務困頓受到許多人的照顧，因此也想協助有天分的年輕選手獲得資源與栽培，以便讓他們能盡快在職業賽場上取得好成績。當時第一件事就是去拜訪長久資助我的中油，一方面表示感謝，另一方面告知中油我願意放棄贊助資格，把贊助留給更年輕、更有需求的選手。

此外，我們也覺得可以利用自己的現有資源拉拔年輕選手，不管是在訓練、比賽安排，甚至在觀念上協助他們，讓他們不需要從頭摸索，這件事從 2011 年就陸續落實。當時十八歲的王介甫是台灣青少年排名第一，我就先與這位指標型選手合作，帶他去法網見習。當時他的表現相當不錯，半年間，從沒有排名進步到七百多名，贏下不少比賽，甚至 2011 年底在豐田挑戰賽，他從會外賽打進會內賽，第一輪就遇到第一種子添田豪（Go

■ 盧彥勳參加商業廣告代言。

Soeda），也能打到七比六、七比六，展現出一定的實力與潛力。因此，2011 年到 2012 年間，我們一起訓練與比賽。

在那次塔斯馬尼亞島的伯爾尼挑戰賽期間，除了固定的賽程外，還發生了一件糗事。在國外比賽時，為了省錢，自己洗衣服是常態，通常我會把浴缸的水接滿，把衣服浸泡一下，那次我也以同樣方法處理，只是正當我在接水時，教練和介甫喊我一起去吃飯，我就過去了，完全忘記浴缸正在接水，回來後才發現浴缸的水已經流到外面的走廊，連隔壁房間的地毯都被弄濕，最後我只能賠償五千元澳幣給旅館。

第二個星期，我們移動到塔斯馬尼亞島上另外一個城市打卡倫德拉（Caloundra）挑戰賽，打進八強後，接著月底又去新加坡打挑戰賽，決賽時贏過日本的添田豪，最後拿下了冠軍，當時我的排名上升到五十左右。

■ 圖 1~2. 盧彥勳參加高雄的海碩挑戰賽。
　圖 3. 海碩挑戰賽的賽後聚會招待泰國選手好友午東措克。
　圖 4. 盧彥勳盡地主之誼，接待南非選手霍伊斯特。

進修與比賽，雙軌進行

2012 年四月，海碩挑戰賽在高雄舉辦，是 ATP 挑戰賽等級的賽事。那時單雙打第一輪都遇到午東措克，單打贏了他。進八強遇到瑞士選手馬可‧丘迪內利（Marco Chiudinelli），三盤輸掉，第一次打海碩盃卻僅僅止於八強，讓我感到有點遺憾。

至於雙打搭配的則是未來賽時期就認識的好朋友、南非的選手霍伊斯特，他難得到台灣，既然我答應跟他搭配就要好好盡力打，結果我們打到四強止步。比賽結束之後，他還在台灣多留幾天住在我家，我們帶著他四處逛逛，是職業生涯中一段難得的插曲。

當時我還有一件有「時效」的事情在心上，就是要準備碩士口試。從 2008 年開始，我就讀師大研究所，由於大部分時間都在國外，很難按正常時間完成課業，但 2012 年必須照進度完成，論文都已經修編到最後階段，只剩下修改與準備口試階段，那時花很多時間跟老師討論，情緒非常緊繃。

會報考師大運動競技碩士班其實是因為 2007 年一直無法恢復的腰傷，我擔心無法持續在賽場競爭，就想看看是否有其他的備案。周遭親友紛紛提出建議，後來師大的老師提議我去考研究所。一方面念書可以轉換心情，另一方面透過進修學習，往後若沒有辦法再繼續職業生涯，也許還有第二條路可選擇。

錄取後雖然一邊打球一邊完成學業，時間又壓縮得很緊湊，但也有很大的收穫，例如學會如何做一個專題研究，懂得利用方法從三個面向探討球賽中的端倪，更有意義的是可以重新再檢視自己。

當哥哥知道研究所口試是我的壓力來源之一時，他就表示可以協助我做些資料收集，要我不用太擔心，經過與哥哥的長談後，我繼續遠征歐美。

2012 年這一年看起來各種壓力不斷，但我覺得是穩扎穩打的一年，尤其碩士論文順利地通過口試，不但心裡的重擔放了下來，也算完成一項重要的成就。

圖 1. 盧彥勳在師大練球。
圖 2. 盧彥勳和中華電信董事長呂學錦球敘。
圖 3~4. 碩士論文口試。

暑假在辛辛那堤大師賽從會外賽打進會內賽，打到第二輪才輸給當時世界排名前十的托馬什‧貝爾迪赫（Tomas Berdych），算是 2012 年暑假中最好的成績。而九月在中國上海挑戰賽拿下了單打冠軍。十月份的上海大師賽，我從會外賽一路打進會內賽，第二輪碰上了瑞士特快車費德勒，這是我第二度在大賽中和他對戰。

　　如同過去幾年一樣，十月底我抵達首爾，也意味著那一年的賽事將要結束，雖然首爾早上氣溫只有攝氏四、五度，剛開始打時甚至覺得有點冷而放不開，所幸後來還是調整過來，在四強擊敗好友午東措克，以及決賽擊敗日本的杉田佑一後，成功地連續三年在首爾挑戰賽拿下單打冠軍。當年的年終排名五十九。

不為人知的甘苦談

　　在與霍爾多夫簽約後，盧彥勳的經紀事務就分為國內與國際，國內的部分大多是我在負責，國際則由霍爾多夫處理，但都要經由霍爾多夫同意，不然就是違約。直到 2012 年劃分出國內的主動決定權，雖然給了我們可以自行決定的權限，但我們還是會跟霍爾多夫報備，請他給我們意見，再做最後的判斷跟決定，畢竟他還是我們的國際經紀人，對市場的敏感度跟經驗都比我們多。

　　在 2010 年溫布頓之前，擔任彥勳經紀人的工作比較單純，但之後有了成績，開始有許多廠商贊助，也使盧彥勳回台時就需要執行合約去拍廣告、參加代言活動，活動一多時，我們就會產生爭執，他會覺得他在國外

聚會美食照片是比賽期間唯一放鬆的時刻。

打了好幾個星期，回到台灣想休息，而且訓練時間也被我縮減。以我身為經紀人的角度來看，好不容易熬到現在可以獲取一些廣告代言費，要好好把握，但以盧彥勳的選手立場來看，他想要趁這時把成績一路往上拉，最後只好霍爾多夫出來幫忙協調。此後，每次回來就只能排幾天的時間做這些事情，其他時間必須讓他休息與練習。

此外，我還擔任行政團隊，除了安排行程、訂機票外，還要負責體育署經費核銷單據，這真的是大工程，每次都得花費將近一個月才能整理好，不但要完全符合公務人員的核銷法則，還要蒐集所有團隊出去的單據；若是擔任隨隊成員，陪伴彥勳在國外打球時，又有不同的狀況。

大家看到我在臉書上貼美食照片都留言說很羨慕，殊不知陪著球員很難準時用餐，只有在每天賽後及訓練後，才有時間好好坐下來享用一頓美食。選手準備比賽時，一般不太吃正餐，都只吃輕食。我跟在旁邊也跟著不太吃；賽前也緊張，實在沒有什麼胃口，甚至緊張到胃痛。所以我都陪著選手等到比賽結束收操完，再好好用餐。

選手團隊不但用餐不正常，面對比賽高壓又常猛灌咖啡提神，我平均一天要喝三到四杯咖啡，長久下來，就算鐵胃也受不了。彥勳本身有胃食道逆流的問題，媽媽跟著彥勳密集參賽那幾年也搞到胃潰瘍，現在得定期吃藥，我自己也有幾次在飛機上胃痛到醒過來……，這就是選手與團隊背後的辛酸。

萌生退意
尋求心理師協助

> 每次站到球場就心生疲倦，
> 講直白一點，一看到球就覺得想吐，身心都排斥著上場打球。
> 有一、兩次甚至必須中斷練習。

　　2013 年接二連三出現許多意外。首先是澳網第二輪輸球後，前往塔斯馬尼亞島的伯爾尼，就是 2012 年水淹旅館的地方，沒想到那年來到同樣地方，又因為嚴重的牙痛直接退賽回台灣治療。

　　在台灣休息快一個月後，二月中旬我才前往美國巡迴賽重振旗鼓，幸好有不錯的表現。在印地安泉大師賽中，我一路打到第三輪才敗給世界第二的英國選手穆雷。不過那時卻突然發現自己抓不到發球的感覺，每次在場上發球時，心裡就在嘀咕，「打了這麼多年的球，現在竟連拋球都拋不好，對手或觀眾看到不知道怎麼想？」然後就越拋越不好，越拋越覺得自己沒辦法控制，壓力就越來越大。

無法改善的拋球問題影響一切

　　這個情形從四月開始越來越明顯，當時在墨西哥參加連續三個星期的

挑戰賽，第一個星期在獅子城（Leon）打入八強。第二個星期到瓜達拉哈拉（Guadalajara）時，我哥飛過來跟我會合，這一站也是打到八強；第三個星期則到首都墨西哥市。從北美打到此站，疲憊感開始出現，很多小事情讓我對這場比賽有點心不在焉，例如這站比賽的球場離住的地方非常遠，每天來回需要很久的車程；加上墨西哥的海拔很高，大氣壓力較低，輕輕一揮，球就直接飛出底線，球感十分不對勁；同時又發現拋球與發球都不正常。最後一根稻草是在比賽前一天，我哥台灣的公司發生一些事情，他整個晚上都在處理也影響到我。於是第一場比賽我草草打完第一盤後就棄賽，一起趕飛機回台灣。

後來在亞洲賽事之前，我去天津與認識很久的體能教練馬可‧帕尼奇（Marco Panichi）碰面，訓練了一個多星期，也一直在調整拋球問題。到雲南昆明時，比賽的地方在一個與世隔離的區域，不比賽時根本沒有其他事情可做，因此我就一直練拋球，想辦法克服問題，但情況一直沒有改善，所以上場時我都不太開心，更無法專心，整場比賽都被拋球與發球牽制，就算最後贏了也不高興，因為問題還是存在。當時一直在調整，有時感覺回來但心還沒安，心理狀況就更差。

因心理狀態首度萌生退役的想法

2013 年年底，我遭遇到打網球以來一個最大的瓶頸，由於發球引發的心理狀態已經到一個臨界點，而萌生「不想打」的想法。

因為每次站到球場就心生疲倦，講直白一點，一看到球就覺得想吐，身心都排斥著上場打球，有一、兩次甚至必須中斷練習。不過上帝還是留了一些光明面給我，首先我在法國公開賽第一輪，因為義大利選手西莫

內‧博萊利（Simone Bolelli）在輸我兩盤的情況下棄權，使我拿下職業生涯的第一場法國公開賽的勝利。在溫布頓公開賽第一輪驚險地擊敗了英國地主選手詹姆斯‧沃德（James Ward），但到第二輪則碰上當時世界第二的穆雷而落敗。暑假時，先在北京挑戰賽決賽擊敗了日本的添田豪，拿下單打冠軍。在溫斯頓－塞勒姆（Winston-Salem）公開賽中，我打進了八強。美國公開賽也在第二輪才敗給德國名將托米‧哈斯（Tommy Haas）。其實在2013年的四大公開賽，我都打進了第二輪，算是滿不錯的表現。

從美網回台灣後，先在高雄挑戰賽中一路過關斬將，第一輪碰到泰國好友午東措克，第二、三輪則分別擊敗了黃亮祺及王宇佐，還遇到颱風擾亂，在星期日一日雙戰，進行四強和決賽，又分別擊敗了澳洲的馬修‧伊布登（Matthew Ebden）及印度的尤奇‧班布里（Yuki Bhambri），為台灣再度留下冠軍獎盃，在2013年這一年的年終排名，我維持在六十五名。

一轉眼就是2014年，又即將準備前往清奈、奧克蘭，接著去澳洲公開賽。出發前，拋球問題仍然沒有改善，實在很不想上場比賽，但在家人的安慰下，我忍下退役的念頭，仍然收拾行李出發。

在奧克蘭巡迴賽中，第一輪贏了荷蘭的選手，接著又贏了兩個美國選手，在四強的時候，擊敗了連續三屆奧克蘭公開賽的冠軍，也是世界排名第三的大衛‧費瑞爾（David Ferrer），決賽碰到世界排名十四的美國巨炮約翰‧伊斯內爾（John Isner），以兩個搶七敗給他，拿到了亞軍。

當我拿起獎盃時，沒有人知道，那時對我來說，勝利與曾經想放棄的念頭僅一線之隔，但這唯一一次在ATP巡迴賽打到決賽、過關斬將的成就感，似乎開始撫慰我心中的不安定感，讓我漸漸理解到：不一定要在自己覺得狀態最好的時刻才能打出好的成績。

要命的牙痛棄賽回台灣治療

　　2013年我跟著盧彥勳一起前往塔斯馬尼亞島的伯爾尼。第一天抵達時，盧彥勳覺得牙齒痠痛很難受，我們在大會幫忙下找到一間牙科，牙醫看了後說，可能要鑽開三顆牙齒檢查，當下他沒有幫盧彥勳處理，只先給一些止痛藥。那天晚上，盧彥勳痛到吃止痛藥也沒用，飯店晚上沒有櫃檯人員也沒有製冰機，我只好去對面麥當勞得來速買冰飲，卻因為沒有開車，對方不肯賣我。我回到旅館看盧彥勳痛到淚流滿面，再度去麥當勞苦苦哀求，跟他說我弟弟牙痛要冰敷，半夜找不到冰塊。店員給了我一袋冰塊，冰敷後只能稍稍減緩彥勳的痛苦，但後來還是越來越痛。不得已之下，我叫車載我們去醫院掛急診，但醫院急診沒有牙科，半夜也沒有人可以幫忙處理，只能開了止痛藥給盧彥勳。

　　我們只好回旅館休息，沒多久他還是痛得受不了，半夜對著我哭，還想立遺囑跟我交代一些事情。大概在凌晨三、四點時，我們又去醫院急診室，在沒有任何牙醫的情況之下，醫生為了幫他止痛，決定幫盧彥勳打一針嗎啡，因為是禁藥又要辦申請手續，還請醫生開了證明。

　　當晚我不斷跟台灣牙科朋友諮詢，他們認為有可能是蛀牙在牙齒內，壓力沒法釋放而壓迫到神經，才會導致他那麼痛，並建議我們，如果有辦法先在牙齒上面鑽一個洞，壓力釋放後就沒那麼嚴重了。第二天大會幫我們找到一個華人牙醫，請他在病齒上鑽了一個洞後，狀況似乎就比較好。

　　由於一整夜都沒有睡，牙齒也沒有完全恢復，隔天的賽事只能直接棄權，先搭飛機回到墨爾本，休息一天後，觀察牙齒的疼痛狀況沒有那麼嚴重後，決定搭機直飛回台灣就診。

　　那次回來之後，又面臨後續跟WADA組織解釋緊急使用嗎啡的狀況，我請台灣牙醫幫我們寫診斷書說明，所幸那邊開會之後接受了我們的申請。

■ 圖 1. 澳洲公開賽,盧彥勳跟前來加油的留學生合影。
　圖 2. 澳洲公開賽室內球賽練習,哥哥威儒充當陪打員。

在周遭親友協助下
度過低潮期

從對談中瞭解自己的心理狀態跟狀況之後，
接著我做了很多意象跟放鬆訓練，
把日常中發生的狀況記錄下來後，再跟吳教授諮詢溝通。

雖然獲勝的成就感稍緩解對自我的質疑，但我還是很擔心自己的狀況，於是澳網前我特地找霍爾多夫談了一下想要退役的念頭，他聽完後先表示，假若我做了決定，他會給予尊重也會支持我。然後又接著說，「你應該往外看，有多少人可以做自己喜歡的事情，也許現在遇到這些狀況和壓力，但是現在若離開了，可能就要像一般人坐在辦公室工作或做其他的事情，你會想要嗎？又有多少人可以像你一樣，打著喜歡的網球，又能到世界各地旅行？」

他提醒我目前確實面臨很大的壓力，但若真的決定離開球場，我要非常確定之後不會後悔，要仔細地想清楚。

「真的準備好要離開這個地方？真的確定要做這個決定？」我思考著他的問題，說實話，我無法肯定。當靜下心思考過去與未來時，我想到上個星期在奧克蘭打到決賽的感受，便暫時打消了離開的念頭。

另一方面我也進行心理諮商，希望找出問題。透過臺大莊仲仁教授的

介紹，我得到臺大心理系吳英璋教授的協助，從對談中瞭解自己的心理狀態之後，接著做了很多意象跟放鬆訓練，把日常中發生的狀況記錄下來後再跟吳教授諮詢溝通，學習如何在有情緒或者壓力產生的狀態下，化解或避免心中的不安和自我否定。

只要回到台灣，我就會去吳教授的研究室找他，一對一單獨做訓練，並拿儀器測試心跳和血壓，觀察經由這些訓練是否有所改變。在國外時，則以電子郵件跟吳教授溝通。這樣的諮商和訓練一直延續到 2014 年年底，雖然之後沒有再繼續諮商，但依然在比賽中持續運用放鬆訓練，讓情緒不再操控我，這對我後續的比賽幫助非常大。

透過新教練建立穩定的平常心

　　2014 年，我也開始有新的教練、義大利籍的羅貝托・安東尼尼（Roberto Antonini）。在 2013 年暑假，我們與捷克教練結束了合作關係，

■ 盧彥勳和捷克教練雅羅斯拉夫・萊溫斯基（Jaroslav Levinsky），也曾是雙打好手，兩人合作過一年多。

主因是捷克教練希望我們提供更好的福利，例如旅行時搭乘商務艙，但連選手都沒有經費坐商務艙，不大可能額外負擔這筆費用。為了找新教練，一方面請教霍爾多夫，另一方面星河灣的馬偉開知道我在找教練，主動提出他們的訓練中心有教練，問我要不要試試。

馬偉開之前就表示過合作的意願，也希望藉著這次機會達成。我當時的想法是，換一個新環境和新教練也許對我的發球與心態都能有些改善，於是馬偉開推薦了安東尼尼，並開始在 2013 年末的幾個比賽協助我，也彼此確認一下契合度。因為合作上很順利，後來便確定 2014 年賽季就由他來指導。

安東尼尼與我之前遇到的教練都不同，例如霍爾多夫比較強勢，會掌握決策核心，他認為他給予的就是最好的選擇。但安東尼尼的個性比較溫和，不是強硬主導的風格，他會先藉由討論、詢問，溝通大家的想法後，再提出他的見解，希望我可以嘗試看看。就算他認為他是對的，也不會很強硬要求我一定要照著他的方法做，他會說，「你試試看，若不行再調整。」

我們相互磨合了四、五個月，在這段期間，我的成績也不錯。那時我們一起旅行了二十多個星期左右，發球的狀況從暑假開始慢慢有些改善，我也打敗了好幾個世界排名前十的選手，從之前的低落中走出來，那段時間算是我職業成績的另一段高峰。

在二月的美國曼非斯公開賽中，我打到了四強，在印第安泉大師賽中，第二度打到第三輪，後來敗給了約翰·伊斯內爾（John Isner）。在七月的高雄挑戰賽哩，我衛冕單打冠軍成功，而在辛辛那堤大師賽中，我更擊敗了當時世界排名第四的捷克名將托馬什·貝爾迪赫（Tomas Berdych），闖進十六強；到了溫斯頓－塞勒姆公開賽更打進四強！因此我的 2014 年的年終排名往上提升到三十八名。

美好卻短暫的義大利團隊

2014 年是盧彥勳繼 2010 年後最成功的一個賽季，年初的 ATP250 奧克蘭公開賽的亞軍，曼非斯公開賽上四強，辛辛那堤大師賽闖進十六強，溫斯頓 - 塞勒姆 公開賽也打進四強，年終排名到三十八名。

這些戰績主要歸功於整個教練團隊。首先是義大利的安東尼尼，雖然個性溫和，但訓練起來非常認真又苦幹實幹，相處起來卻非常的隨性，完全跟盧彥勳很合拍。飲食方面，安東尼尼也是我認識的歐洲人裡面最喜歡喝熱湯的，一般歐洲人不喜歡熱燙的食物，但他老兄說他從小在羅馬，媽媽常煮熱湯給他喝，所以我們出去比賽吃亞洲食物，像越南河粉、火鍋等，他都能接受；體能訓練師卡洛 · 比拉爾多（Carlo Bilardo）則是安東尼尼的好朋友，比拉爾多代表義大利，曾在 1988 年在漢城奧運和田徑傳奇名將卡爾路易斯於決賽對決，2014 年更入選歐洲田徑名人堂，也曾是羅馬教宗的體適能訓練員。比拉爾多不但專業，個性也非常隨和，記得

2014 年年底，我們在台南組織冬季訓練，比拉爾多也是跟著我們吃遍台南美食。杜爾更不用說，跟著彥勳十幾年了。那一年我們的團隊就在這兩位義大利教練的加入下，造就了一個非常成功的賽季，也讓我們體驗到跟隨和的義大利人合作的感受。可惜這樣的團隊在 2015 年被中國大陸挖角而逐漸瓦解。

（左一）義大利的體能訓練師比拉爾多；（左二義大利教練安東尼尼；（中間）運動傷害治療師杜爾；（右一）哥哥盧威儒。

面臨亞運退賽
與職業禁賽的兩難

> 經過開會討論，我們決定邊走邊戰，
> 依然參加單打與混雙項目，打到不能打為止。
> 於是在忐忑心情下，準備隔天還不知道是否可以進行的比賽。

2014 年的仁川亞運單打項目抽籤前一個星期，我和參加亞運賽的選手都收到 ATP 通知，要求所有參加北京中國網球公開賽及東京公開賽的選手，不得出現在二十九日、星期一的亞運會場比賽，否則祭出禁賽三年、罰金十萬美金的處分。這表示我必須在二十九日完成中國網球公開賽的報到手續，但已經答應國家要打亞運，怎可能輕易退賽。

兩會互槓波及選手

舉辦亞運的亞洲奧會與亞洲網總並沒有與 ATP 協調好，ATP 不承認亞運是國家等級的賽事，而且那次亞運的單打賽程也橫跨兩個星期，決賽在星期二，與後續 ATP 賽事重疊兩天。以我而言，報名後面的北京公開賽是因為它是亞洲最大型的 ATP 賽事，若有機會當然希望能夠參加。而且以 ATP 的競賽規則，可以允許我們比賽以最晚的方式進行，延遲到星期三。

但沒有想到中間的問題在 ATP 不承認亞運賽事，並認為這樣是一個星期雙賽，違反規定。

收到通知後，下決定的時間不到三個小時，因為這將危害職業生涯，亞運主辦單位持開放態度，由選手自行決定。因此，烏茲別克和哈薩克排名一百名內的選手在各自國家允許下，全都從亞運退賽，我們則設法解套。

首先是想直接退出北京公開賽，但 ATP 表示這樣參賽數照算，但積分為零分，會嚴重影響排名。我們可以自己付罰金，但禁賽三年是我無法承受的，還會影響奧運參賽資格，非常煎熬。後來經過開會討論，我們決定

圖 1. 盧彥勳和媽媽合影。
圖 2. 盧彥勳和李遠哲院長合影。
圖 3. 盧彥勳和哥哥威儒合影。

邊走邊戰，依然參加單打與混雙項目，打到不能打為止。於是在志忑心情下，準備隔天還不知道是否可以進行的比賽。

團本部與亞奧會在協調上完全使不上力，即使想提議更改賽程，在領隊會議上，各國代表也不同意。於是我先退了中網，表達參加亞運的決心，再由霍爾多夫幫忙去 ATP 周旋。

ATP 有三位委員處理這件事，霍爾多夫就分別跟他們溝通協調，我每天也跟相關人士來回討論並詢問最新狀況，一邊比賽一邊擔心。最後，在我打到八強時結果出爐，三位委員中有兩位支持我，同意我可以取消北京公開賽，收回了禁賽命令，也不必被算參賽數，罰金再由裁判長判定，有驚無險地度過這一關。

整個星期，我像是肩背千斤擔般沉重，因為問題隨時都可能擴大危及網球生涯，在比賽之外，還要花很多精力解決這個事情。四強的時候先碰到杉田祐一，我已經顯露疲態；到了決賽，年輕新秀西岡良仁表現得比我還要好，我無話可說，比賽結束時，不但感覺疲憊也很失望，因為暑假前我整體的狀況都越來越穩定，本來有把握拿到金牌，可惜無法專心應戰，最後只為中華隊拿到銀牌。

喜獲麟兒，雙喜臨門

2014 年年底，我的排名到四十名內，可直接參加更大型的比賽，包含十月西班牙瓦倫西亞的 ATP 500 的賽事，第一場擊敗了三十八名的吉列爾莫・加西亞・洛佩斯（Guillermo Garcia-Lopez），第二場輸給了托米・羅布雷多（Tommy Robredo）。這年我還參加了十月底的巴黎大師賽，直至退役，這是我第一次也是唯一一次參加巴黎大師賽，這場比賽只有六十四籤，排

名大概要在四十八名以內才可以參加。本來在 2010 年曾有機會，但當時要打廣州亞運會所以放棄了。只是這年雖有機會參賽，但可惜第一場就輸掉。

另外，我回程的飛機航班趕不上小孩出生，也是我 2014 年的遺憾，沒有陪在太太身邊覺得很對不起她。結婚後，兩個人的日子依舊單純，但有了孩子，我要背負更重的家庭責任，花更多心思在這部分，也改變了我的生活型態。看著剛出生的兒子，覺得 2014 年可以算是否極泰來。

重新考量冬季訓練的地點

2014 年的冬季訓練，我們把教練、體能訓練師比拉爾多直接邀到台南做訓練，一方面是因為大兒子出生，太太正在坐月子，希望能就近照顧，另一方面我也希望冬季訓練的地點不要太遠，當時是使用嘉南藥專跟東尼網球場。

談到冬季訓練，我最初是去德國，但 2007 年後則移至肯亞。通常冬季訓練會考慮氣候、硬體設備等因素，大都是霍爾多夫所安排。相對於德國的寒冷，肯亞的氣候比較好，場地的使用比起訓練中心也比較自由跟彈性，畢竟就是自己的地方。加上有不少選手都到肯亞訓練，包括霍爾多夫簽約的選手如舒特勒和蒂普薩雷維奇，以及一些比較年輕或剛準備要打上來的選手。此外，肯亞的生活開銷也比歐洲低。在訓練以外的時間，周末還可以從事一些休閒活動，像是潛水或去野生動物園遊獵一、兩天，可以找到較多的放鬆方式。

不過在肯亞除了在沙灘上訓練跑步或腳步外，其他訓練設施上就比較克難。那裡沒有華麗的健身房，只用比較原始的方式利用當地現有的材料製作設備，雖然訓練時間十分充實，但若待超過三個星期，就會感覺到無

聊或者有點厭倦，畢竟與外界隔絕。

　　我後來沒有再去那裡，除了因為太遠，另一個原因是去非洲必須吃預防瘧疾的藥物，我的身體對瘧疾藥的反應很大，我記得去了五年，期間換了兩、三種藥都會引發副作用，因而讓我開始考慮轉移地點，慢慢把冬季

■ 圖 1. 肯亞訓練時的運動傷害治療師。
　 圖 2. 在肯亞訓練，因為較為克難，選手需要自己穿球拍線。
　 圖 3. 2010 年肯亞冬季訓練的所有成員。

訓練的編排重心放回亞洲，例如 2013 年是在廣州星河灣，2014 年則回到
台灣台南。

星河灣教練事件

　　亞運結束之後，我們團隊與義大利教練安東尼尼的合作被迫中止。那一年在安東尼尼的指導下，盧彥勳的狀況調整得非常好，世界排名到了大概三十幾名，只要再有一站打好一點，就很有機會超越之前的三十三名紀錄。

　　不過星河灣馬偉開教練認為當初說好提供教練二十五個星期，現在合約已滿，他要把安東尼尼抽走，去帶他中國隊的女子選手。即使我們要自費聘請安東尼尼，馬教練也以他已經安排好安東尼尼的其他行程為理由而拒絕。

　　馬偉開教練是早期台灣跳機去美國發展的選手。他曾在美國佛羅里達開設網球訓練學校，盧彥勳早期參加職業賽時，有幾次經過美國，他也協助盧彥勳訓練，所以我們很信任他。後來他結束美國的基地，轉往中國發展。2014 年就是在他的邀約之下，我們和廣州星河灣有了這個合作。在這個只差臨門一腳的節骨眼，馬教練將我們的教練安東尼尼抽走，完全沒有任何的通融和情理可以討論，著實讓我非常難以諒解。

　　經過這幾年下來，和一些國際知名的經紀公司打過交道後才發現，在國際職業網球上，一切都是取決於商業價值。我認為當時馬教練會這麼做的主要原因，對他而言，盧彥勳再怎麼傑出，也是台灣選手，無法讓他在中國獲得商業利益，唯有安東尼尼將他旗下的中國選手帶出更好的成績，他才能獲得更多的利益。2014 年後我和星河灣的合作，也因此被終止。其實商人和真心幫助我們的朋友之間最大的差別，就是這些利害關係而已！

因手術停賽而休養半年

> 回到旅館我試著沉澱並調整沮喪的心情，
> 回想從受傷、決定開刀、復健、訓練，
> 最後回到賽場的六個月，這段期間比想像的還久。

2016 年的心路歷程很難用紙筆寫出，畢竟沒有人能想到居然在一月就以退賽與手術揭開新的一年。

我左手肘的傷勢在 2015 年底的冬訓中就浮現，揮拍時，手肘一活動就會疼痛，而影響了擊球的精準度。當時杜爾建議我要進一步檢查，於是我回台灣接受長庚醫療團隊的檢查，原因疑似手肘關節內有小碎骨，導致關節活動的角度受限，並且有發炎的狀況。經過治療消炎後，一度情況好轉，為了能打澳洲公開賽，我取消了印度清奈及雪梨的比賽，以換取休養的時間。

但沒想到抵達澳洲才練習幾天，手肘又開始腫脹。那時曾請澳洲公開賽 ATP 的醫生檢查，他也認為是手肘關節內有小碎骨的影響，很多網球選手都曾出現過這個症狀，他曾經為選手做過手術，並建議若要根治，就必須開刀將碎骨取出。

暫停賽事的手術治療與復健

於是我退出澳洲公開賽，也終止了 2008 年溫布頓公開賽以來，連續三十次參加大滿貫的紀錄。

雖然這是個微創手術，手術時間不長，一、兩天後就可以拆線，但在這次手術前，我們都希望盡量避免侵入性的治療，面對手術還是會有遲疑與擔心，但同時對於在進入職業球場上十六年後，才第一次需要面對手術感到幸運。所幸連大哥和莊仲仁老師當時都在墨爾本——他們原本是來為我加油，竟變成來陪病——從入院前到手術都陪伴著我，讓我能安心接受手術。

手術後十天就拆線了，並開始在防護員杜爾的協助下進行復健，那時澳網執行長 Mr. Tiley 很幫忙，讓我們可以使用澳網的設備進行復健，在澳洲待了兩個多星期後，就回台灣由長庚醫療團隊接手復健。

由於 2016 年有里約奧運，爭取奧運參賽資格一直是我的目標之一，但奧運規定必須四年內要參加兩次台維斯盃，我在 2015 年代表台灣打過一次台維斯盃，本來打算 2016 年三月可以再打一次，眼看著即將比賽，但手傷未痊癒。網球協會依然安排我進入選手名單，與黃亮祺、易楚寰、洪瑞晨一起參賽，所幸碰到了馬來西亞隊，實力懸殊，黃亮祺獨拿二點單打，又和易楚寰拿下雙打，洪瑞晨拿下第五點。我沒有下場，靠他們三人就輕鬆贏得這次賽事。

四月初，手傷的恢復如預期，終於進入密集訓練。自 2015 年起，我的好朋友兼老戰友午東措克就成為我的教練，這是由於星河灣義大利教練離開後，我對自己需要怎樣一個教練已經非常清楚，除了最基本的信任感，在相處或個性上也都要互相熟悉，才不需花太多時間適應與調整。

在與霍爾多夫商量時，我提到或許可以問看看午東措克是否有意願，因為當時他已經離開球場轉任教練。我們以前一起比賽共事這麼久，不管是身為球員或朋友，他也滿瞭解我，於是他成為我的教練，一直到 2017 年才結束。

午東措克把集訓的地點拉到泰國華欣，規劃了兩個星期的行程，一行人包括我哥、長庚的運動防護師張家維、小將駱建勛；加上午東措克另外帶了另一名選手一起訓練。那時遇到了泰國的過年，我們買了水槍一起參與潑水節，體驗了當地的風土民情，這是以往訓練中比較少有的經驗。

圖 1. 2016 年瑟比頓挑戰賽（Surbiton Challenger）單打冠軍。手肘開刀復出後，連兩站挑戰賽打到決賽都是亞軍作收，終於在英國倫敦瑟比頓拿下冠軍。
圖 2. 英國台灣留學生特地帶國旗來幫我加油。
圖 3. 拿到冠軍後，全隊非常開心，一掃在決賽拿不下冠軍的陰霾。左一為長庚運動醫學團隊運動防護師張家維，左二盧威儒，右二盧彥勳，右一為泰國教練午東措克。

泰國之後，我們接著又回到高雄，借了陽明球場做另外兩個星期的特訓，後來還到高雄科技大學，由他們的重量訓練師協助我做體能訓練，並且特地請英國的體能訓練師詹姆士來台。當時除了我以外，我還找了當時年輕的選手駱建勛、楊宗樺、許育修一起練習，準備五月正式復出。

從幸運地首爾啟程的復出

開刀後第一場復出的賽事，我們選擇了之前一直表現很好的首爾，希望能帶來好運。在五月首爾挑戰賽我打得戰戰兢兢，半年沒有上場，對於比賽的節奏掌握得並不是很好。雖然打到決賽面對烏克蘭好手謝爾蓋‧斯塔霍斯基（Sergiy Stakhovsky）第三盤搶七，但最後沒有拿下冠軍。雖然整個團隊都肯定這場復出的表現，但我被自我懷疑的烏雲所籠罩。

回到旅館我試著沉澱並調整沮喪的心情，回想從受傷、決定開刀、復健、訓練，最後回到賽場的六個月，這段期間比想像的還久，每天不斷督促自己不能怠惰積極復健，但也每天問自己，「能再站回球場嗎？」

這期間自己的「脾氣」展露無遺，還好有不離不棄的家人和團隊、義氣相挺的朋友、呵護至極的師長們，以及在每個環節加以協助的專業人士。在我想放棄時拉我一把，容忍我的脾氣，真的很幸運能獲得這麼多人的幫助。透過這段過程的感知，讓我有了新的力量，除了回到球場贏得比賽外，我更希望離開時，也能為自己曾有的努力而驕傲；於是重新整理情緒，我必須要挑戰自己的「決勝點」。不久後，終於在英國草地賽後重拾信心。

英國的三場草地公開賽，第一站在曼徹斯特，第一場打得非常驚險，第三盤才逆轉獲勝。之後在團隊的鼓舞下，我一輪一輪打贏今年曾輸過的

選手，像是澳洲的詹姆斯‧達克沃思（James Duckworth）、謝爾蓋‧斯塔霍夫斯基，並擊敗美國好手丹尼斯‧庫德拉（Denis Kudla）進入決賽，但輸給了德國選手達斯汀‧布朗（Dustin Brown），這是復出以來第二次在挑戰賽進入決賽，卻無法贏得勝利，而且有種到了決賽就被卡關的宿命，「為什麼就是差那一點點氣勢，無法乘勝追擊？」整個團隊在沉重的氛圍中，轉移到第二站——倫敦附近的瑟比頓。

這一站，從第一輪打到四強，我都以直落二獲勝，感覺打得比上一站更好，但進入決賽後，隱隱擔心會重蹈覆轍，我在團隊們的加油聲中揮拍，終於沒有讓他們失望奪得冠軍，這是 2016 年第一個挑戰賽的冠軍。

接下來我又拿下第三站伊爾克利（Ilkley）挑戰賽的冠軍，一掃手術後

■ 盧彥勳手肘開刀後，復出的第一場四大賽，就是法國公開賽，第一場就碰到世界球王喬科維奇，被安排在法網的中央球場出賽。

■ 2016 年在三站英國草地挑戰賽都打到決賽，並取得兩站冠軍後，全隊移師到英國倫敦準備溫布頓公開賽，當時我們還全隊慢跑到英超切爾西足球隊的主場。

的低潮，不但排名提升，也找回了自信。此時，我們也接到國際網總 ITF 通知，以保護排名七十九名取得里約奧運的參賽權，了卻了一樁心事。

　　至 2016 年十月，我參加了八場挑戰賽，有六場挑戰賽打到最後決賽，拿下四個冠軍，世界排名站回八十名左右，我們決定提早休息，結束這一年的征戰。

　　2016 賽季的成績雖不如 2010 年和 2014 年輝煌，卻是我引以為傲的一年。從場內到場外，每個面向都有很多挑戰：第一次動手術、第一次只能打一半的球季、第一次當 ATP 選手代表、第一次進行政院體發會發表意見……，各種的第一次，對我而言都是新的學習挑戰，有時也會被命運的拳頭擊中而又痛又沮喪，但以我的個性總是要經歷打擊後，才能讓自己重

新調整，更勇敢去克服並繼續前進。

繞地球半圈的里約奧運行

很多人聽到盧彥勳花了三天，才從多倫多到巴西里約都直呼驚奇。原本盧彥勳應該在七月三十一日於多倫多登機，赴紐約再轉往里約，然後在八月一日星期一抵達。

從那一年開始，體育署為了讓選手能舒適的參賽，讓參加奧運的選手可以搭乘商務艙，我幫盧彥勳訂好所有航程的機票，但沒想到因為紐約氣候不佳，原本的飛機被取消了，盧彥勳馬上問櫃台人員，從北美有沒有辦法可以從其他地方接過去，櫃台跟他說在奧運開幕之前，美洲幾乎所有點都客滿，沒有任何一個位置。

這下慌了，因為我們不能遲到，那時我跟旅行社討論很久，發現唯一能夠順利的路線就是先飛往德國的法蘭克福，再從法蘭克福飛去里約，簡直就是繞了地球半圈，整個飛行時間會超過三十小時，而且他還要在法蘭克福機場睡一晚，機票更是貴得驚人。

這一段票飛到法蘭克福是經濟艙，從法蘭克福到里約則是商務艙，單程票價竟然近十八萬台幣，來回機票近四十萬台幣。我那時不斷跟體育署確認，這機票到底能不能開，出去比賽那麼久，從來沒開過這麼貴的機票。體育署很堅定地回覆，「因為他是選手，請幫他開商務艙機票，國家會買單。」

因為一個飛機班次取消，盧彥勳就繞了大老遠從加拿大先飛到德國法蘭克福，再從法蘭克福搭十幾個小時的飛機飛到里約，此時已經是星期三，這次奧運之路真的是漫長而且艱辛。盧彥勳那時還開玩笑說，「參加里約奧運要拿金牌比較困難，但要拿星空聯盟的金卡可能比較容易。」

球場之外
的公眾事務歷練

> 從單純的球員進入公眾事務，發現以往站在局外表達意見時，
> 都覺得問題很簡單，只會問「為什麼不能夠改變？」
> 深入瞭解後才發現，事情並不單純。

2016 年初，ATP 亞洲區負責人認為亞洲選手的表現不夠活躍，為了維持區域平衡，亞洲選手應該更積極參與 ATP 的事務，所以他問我有沒有興趣參選 ATP 理事會球員代表（ATP Player Council）。

我跟霍爾多夫討論後，他認為這是一個很好的機會，因為我在 ATP 賽事上已經有十幾年的資歷，足以代表其他球員瞭解並處理相關事宜，鼓勵我試試看。

從電子郵件拜票跑行程

ATP 理事會球員代表依據排名有不同的人數分布，前十名有兩名代表，十一至五十名有兩名代表，五十一至一百名有兩名代表；一至一百名的雙打選手有兩名代表，其他選手兩名，退役選手一名，教練代表一名。我參選五十一至一百名的代表，三、四月就要開始「拜票」。那時滿多選手

我都認識，便一一寫電子郵件拜託他們投票給我，也告訴他們我對一些議題的看法，例如在獎金或男女賽事合併的觀點。比較熟的選手我會跟他們做更深入的說明，不熟的就簡要地表示我希望在這個領域替大家發聲，並會代表選手爭取福利。

當然，我的重心還是著重亞洲，如亞洲網球的發展、亞洲的 ATP 巡迴賽事等。我也與這區間的亞洲選手做了許多溝通，獲得他們的認同。認識很多選手的霍爾多夫也幫我拉票，接連兩屆我都順利當選。

第一屆主要的議題是獎金，特別是在四大賽。長久以來，獎金的比例分配一直被選手認為不公平，目前選手的獎金只佔四大賽總收入的百分之八。每一年的選手代表都努力跟四大賽主辦方協調跟討論，希望找出雙方最大的互利，試圖讓 ATP 球員獎金至少達到四大賽總收入的百分之十五。

畢竟在職業球賽中，選手是最重要的角色，有選手上場比賽，才能為賽事帶進許多收益。而選手的成本不斷升高，一旦付出和收入不成比例，絕對影響到網球運動未來的發展。所以選手們都希望賽事主辦方，特別是大滿貫，有更大的讓步，才能製造雙贏的局面，讓職業網球發展得更健康長久。

其他提案則如舉辦「像足球世界盃的網球世界盃比賽」，以及「降低退休基金資格條件，讓更多選手可以納入退休金制度中」等，都是我所推動的項目。

2018 年我第二次當選，但這屆大多數的議題都圍繞在疫情下怎樣對賽事衝擊更小；開始解封或在半解封的情況下，怎樣讓選手在比較安全的情況出賽；還有疫苗政策等，都經過許多討論，畢竟每個國家的防疫政策不同，對選手來講，不可能全部都公平，只能盡量。

眾人之事的錯綜複雜

　　從 2016 年到 2019 年這四年，我從單純的球員進入公眾事務發現，以往站在局外表達意見時，都覺得問題很簡單，只會問「為什麼不能夠改變？」深入瞭解後才發現，事情並不單純。例如要改變一個規則時，或許會對一半人有利，但另一方面可能會對其他三、四成的人不好。我們雖然代表選手投票，但有時難免也會被主觀意識影響，而且常會發現自己夾在中間十分難為；詢問選手的意見時，他們不太在乎，但當你的決定不符合他們的期望時，他們又會反彈。因此想要真實地聆聽到大家的意見很難，要做出符合所有人利益的決議更難。

　　ATP 組織是選手與賽事方各佔一半比例，非常複雜，不像 NBA 是很單純的球員工會，ATP 的賽事方理所當然會想把成本省下來，省越多，賽事就越賺錢，但選手的獎金與福利就會較差，其中的利害關係盤根錯節，不

圖 1. 盧彥勳向澳洲公開賽申請，特頒發 MVP 通行證件給諾貝爾獎得主李遠哲院長來觀賞 2017 年澳洲公開賽。盧彥勳並帶李遠哲院長拜訪澳洲公開賽的執行長克雷格‧蒂利（Graig Tiley）。

圖 2. 2017 年澳洲公開賽期間，李遠哲院長跟夫人吳錦麗，還有長期支持彥勳的中研院師長何建民研究員及夫人王紀霏、梁啟銘研究員及夫人楊淑美研究員，一同來澳洲墨爾本幫盧彥勳加油！

圖 1. 盧彥勳在 2017 年紐西蘭 ATP250
奧克蘭公開賽，第一輪擊敗俄羅斯種子球
員卡倫‧哈查諾夫（Karen Khachanov）
後接受採訪。

圖 2. 2016 溫布頓。

圖 3. 盧彥勳在 2017 年印度 ATP250
清奈公開賽和英國選手阿爾亞‧貝德尼
（Aljaz Bedene）練球後合影。

容易找到平衡點，甚至選手代表也會有不同的意見。

　　從新聞報導大家應該知道喬科維奇退出 ATP 球員理事會，另外組織了職業網球運動員協會（PTPA），那時喬科維奇也問我要不要離開球員理事會，我表示我個人支持他所做的事情，若他成功可以強化選手聲量與力量。但當下我的任期剩下四到五個月，我必須對選我出來的選手負責、把任期做完，所以我只好婉拒他的邀請，而他也能理解當時我的立場。

　　這四年的公共事務參與讓我學到很多，加上霍爾多夫也跟我分享許多經驗，畢竟他是德國網球協會的副理事長，無論是台維斯盃、教育組織GPTC 等，他都曾擔任領導職位。我看事情的角度經由這樣的磨練也更寬廣，遇到不合理之處，已經不會像以前只批評與要求，可以更成熟的心態

▌ 盧彥勳在 2017 年濟南挑戰賽決賽中，以六比三、六比一擊敗立陶宛的里查達斯・貝蘭基斯
　（Ricardas Berankis）拿下冠軍，繼前一週在成都挑戰賽拿冠軍，連續兩個星期拿下單打冠
　軍頭銜。

看待背後的原因，並覺得只要願意溝通，都能夠創造雙贏。

　　網球環境越來越好，才能讓更多年輕的選手參與這項職業運動。否則若沒辦法養活自己，又怎麼稱為職業運動？加上網球是個人項目，不是團體運動，在所有的團隊支出都要自己負擔的情況下，費用非常龐大。要能活下去，才能繼續在這個領域奮鬥，否則兩、三年消耗完，沒有成績就只能退出。未來我希望能讓台灣的網球環境更加完善，這些過往的經驗是能讓我成長的養分。

第一次參選就當選

　　ATP 理事會球員代表（ATP Player Council）通常在溫網開打前一個星期進行投票，2016 年盧彥勳第一次當選，記得在溫網球員休息室中，許多球員都過來祝賀盧彥勳，連球王喬科維奇都過來和盧彥勳開玩笑說，「Rendy，我們都是球員代表，以後大家都是同陣線的喔！」 盧彥勳也表示謝謝大家的支持，自己會盡力為 ATP 球員謀取更多福利。

　　午東措克跟我們說，能夠在全世界各國不同的球員中當選球員代表非常不簡單，表示盧彥勳不只在球技上，在球員間也擁有一定的聲望才能當選，尤其要獲得歐美球員的肯定更難得，可見盧彥勳十幾年在 ATP 的努力，值得受到大家的肯定和認同。

　　新任理事會第一次會議是在美網期間，除了要選舉 ATP 理事長與副理事長外，還有許多重要的事情要決策，盧彥勳可以和球王喬克維奇等代表一同參與決定 ATP 重要決策，可以說是台灣第一人，也算是台灣之光。

圖1. 我們團隊模仿漫威電影「黑豹」（Black Panther）的「Wakanda forever」我們則是「Team Lu forever」！

圖2. 盧彥勳在2018年法網退賽後，直接前往德國慕尼黑進行檢查和手術。這次臺大莊仲仁老師也陪同我們一起到德國。

圖 3. 2018 年盧彥勳暑假去德國慕尼黑進行復健，利用周末和哥哥造訪捷克布拉格。圖為布拉格最古老的帝國咖啡（Cafe Imperial）。

圖 4. 2017 年釜山挑戰賽，盧彥勳在釜山和霍爾多夫討論過後，決定赴法網檢查肩膀的傷勢。

圖 5. 盧彥勳在 2018 年暑假去德國慕尼黑進行復健時，周末跟哥哥及台灣住德國的學長萬世豪開車前往德國南部和瑞士交界的康士坦茨，找德國友人教練諾曼。

圖 6. 2018 年法網，因為手傷沒有帶教練，和哥哥威儒一起練球。

圖 7. 在德國南部的波登湖畔用餐。

參賽五屆奧運的最終序曲

> 沒想到當我獲得奧運參賽資格，也幾乎準備好時，
> 卻發生最大的意外——COVID-19 的疫情，
> 使奧運延後一年舉辦。

在 2017 年冬季訓練時，我發現賽季中的肩傷又浮現了，防護員杜爾認為我的肩部應該有撕裂傷，我們緊急回台灣長庚檢查後發現，果然肩膀關節脣撕裂，一般需要開刀治療，但術後整個復健過程需九個月，長庚林瀛洲醫師考量我的年紀，加上他認為傷勢並不像投手那麼嚴重，建議先用復健的方式治療。

經過治療後，一月份我還是前往澳洲公開賽，但肩膀疼痛的情形一直沒有解決，在最後一刻還是決定退出澳網。當時也找了 2016 年幫我做手肘手術的醫生檢查，也獲得以復健方式治療的建議。回台灣後，我積極在長庚運動醫療團隊的協助下做相關的復健療程，希望能趕上接下來的法國及溫布頓公開賽。

經過一、兩個月的治療之後，我們前往泰國 IMPACT Tennis Academy 進行三個星期的訓練，準備 2018 年的第一場比賽：首爾挑戰賽。

肩傷復健無效決定手術

我在第一場碰上了澳洲選手巴恩斯（Maverick Banes），拿下了比賽，可是到了第二場，肩膀又開始痠痛，只能退賽；第二個星期前往韓國金泉，那時霍爾多夫剛好也帶選手來參加比賽，和霍爾多夫討論之後，他認為應該評估是否手術以徹底根治。我們決定結束金泉的賽事後，就前往法國做最後一次評估。

雖然提早到法國巴黎積極治療和訓練，希望能趕上二十七號開打的法國公開賽，但經過 ATP 醫生的檢查並和團隊討論後，認為目前肩膀受傷復原的狀況不適宜力拚，否則可能使傷勢更嚴重。在最終一刻我也退出了當年的法國公開賽，決定動手術，也表示提前結束那一年的球季。為了保護排名，霍爾多夫也幫我們擬定了幾個策略。

霍爾多夫和杜爾建議我去德國慕尼黑接受歐洲肩傷專業醫生彼得·哈伯梅耶爾（Dr. Peter Habermeyer）的診斷。這位醫生曾為溫布頓冠軍戈蘭·伊凡尼塞維奇（Goran Ivanišević）開過刀，午東措克也曾接受他的手術，是位非常權威的醫生。我哥、莊仲仁老師都陪我轉往慕尼黑，醫生診斷後表示必須開刀治療才有機會復元，於是我就在德國進行手術，手術完一個星期，我就返回台灣進行一個月的初步復健。

在開完刀後的兩個月，我連脫衣服都要人幫忙，因為手根本就舉不起來，當時的心理狀態不是一般人可以瞭解或承受。每次受傷停賽，無論是否侵入性治療，都會有「能不能再回到球場」的想法，非常煎熬；當看到對手們持續不斷在訓練，不斷在進步，不斷在場上有好表現時，自己卻坐在治療室或病房中不能動彈，對我都是很大的刺激與打擊。

為了可以讓肩傷盡快恢復，在我哥的陪伴下，我又前往慕尼黑開始長

攝影@高啟舜 KAOCHISHUN

達五個星期的復健。那時唯一期待的是在周末假期診所休診時，找一個城市搭火車去玩，暫時忘卻自己的傷痛與壓力。

以參加奧運為主要目標

我們將參加 2020 奧運作為復出目標，但也因為奧運有資格限制，並不是復出就能參加，團隊為此思考各種因素，但一切都不能保證，雖然醫生與團隊都評估手術完進行九至十個月的復健後，在 2019 年八、九月左右應該就可以復出，不過除了確保自己身體狀況外，也要確保凍結的排名可用於 2020 年奧運會，於是我們又延後復出時間。此外，因受傷沒辦法代表打台維斯盃，需要醫療證明並提出申訴，再判定是否可以有受傷豁免，這部分也無法確認，我的奧運參賽資格充滿變數。

在那當下，連我自己都不敢保證復出後是否可以好好打完一場比賽，並發揮原本的實力。但沒想到當我獲得奧運參賽資格，也幾乎準備好時，卻發生最大的意外——COVID-19 的疫情，使奧運延後一年舉辦。

回顧 2020 年復出後的熱身，我從澳網開始打，接著杜拜，此時體能與肩膀的力量都回來了，但在賽場上的對應還是感覺生疏，畢竟太久沒有上場比賽，但到印地安泉時，我覺得自己的狀況已經接近手術前的實力，只是沒想到國際疫情爆發，所有的調整都被打亂。四處國境封閉，各國防疫政策不同，因此外國教練與防護員無法跟著我，不能進台灣也不能去別的國家，我只能獨立訓練。

奧運的延期讓我覺得「這就是我最後一個階段了」。在 2020 年初，我還沒有這麼篤定奧運後要畫下句號，但若延至 2021 年就完全不用懷疑，只是非常遺憾自己的團隊沒有辦法跟我一起，集中火力再拚一波。

■ 我最後一場的對手是德國的茲維列夫。我和茲維列夫認識許久，可以算是看著他長大的，他從小就非常有力，和他哥哥一起跟著我在霍爾多夫的訓練營訓練。他是東京奧運的單打金牌，也是現在世界排名前三的選手。

最後一場比賽

　　確認這是自己網球生涯的最後一場比賽而踏入奧運會場時，心裡湧現非常多感觸，二十年來付出這麼多努力，擔任國家代表隊時，也幾乎不遺餘力，這次為了奧運使用了難得的保護排名，這表示犧牲了一場 ATP 比賽和年度退休金，但即便如此，我還是希望為國家努力，我不敢說是為了留下美好回憶，只希望能夠多拿一點勝利。畢竟只要離開球場，回憶都僅是回憶，我只想讓大家看見我就是個平凡人，經過一路努力累積，可以打入溫網八強，可以保持世界排名百名內超過十年，雖然歷經多次受傷，卻仍能再回到球場。

　　所以，這既是一個不完美的 ending，但也是一個完美的 ending。

畢業這刻，我們以彥勳為榮

東奧最後一場和德國的亞歷山大・茲維列夫（Alexander Zverev）的比賽結束後，我先到球員休息區等盧彥勳。彥勳接受訪問後，全身濕透了提著球袋走進來說「結束了」，我們互相擁抱。他難掩激動地說，「二十年前感覺還歷歷在目，怎麼一眨眼就結束了。」

我眼中的淚也在打轉，「夠了！你的一生到目前為止，有超過一半的時間在網球場上比賽和訓練，是時候休息了，至少好好陪家人。你創造了許多紀錄，職業選手生涯夠精采了！老爸在天上都看到了。」這二十年來的職業生涯，感謝許多支持我們的長輩、朋友、和師長們，我們才能一路挺過來，點滴都在心頭，我們算是正式畢業了。

高壓的職業網球生活，不正常的作息，深深影響著我們及家人，連媽媽後來都有胃食道逆流的「職業病」。出國比賽時，一個星期接著一個星期，在不同的國家、不同的城市中流浪，今天迎接勝利的喜悅，可能明天就要面對失敗的沮喪，全家瀰漫著輸球難過的氣氛。

今天開始我們不用再過高壓的生活了，不用為了保住勝利的好運氣，每天都吃同樣的餐廳，點同樣的餐；不用回到台灣休息時，還想著要怎麼訓練維持，怎麼安排賽程了；不用半夜起床盯著盧彥勳比賽的 Live-score。當然我們兄弟應該再也沒有機會可以一起出國征戰世界各地的網壇了。

感謝上帝讓我們兄弟能合作無間，彼此信任，互相扶持。我帶著盧彥勳參加他第一場職業賽，也陪著他走完他職業生涯的最後一段，如今在東京奧運的賽場上見證他的最後一場賽事，我以身為盧彥勳大哥和 Team Lu 的一份子感到光榮。

回台灣後，全家到平安園跟在天上的父親報告，這二十年來全家團結一致，應該沒有讓父親失望。接下來，彥勳和我將為下一個目標——培訓更多的網球人才一起努力，希望天上的父親能夠繼續看護著我們。

打造夢想中的網球學校

> 我希望那些讓我贏得獎盃的經驗與專業
> 可以傳承給年輕的選手、教練,
> 甚至任何對網球有熱忱的人。

在與霍爾多夫簽約之前,我絕大部分的訓練都是「土法煉鋼」,練習的場地也可以說是「寄人籬下」,之後霍爾多夫帶我進入另一個不同的世界,在德國見識到完善的訓練基地與運動科學的發展,也因為在各地征戰,觀察到頂尖選手除了天份外,還有堅強的專業團隊,甚至他們國家的運動風氣十分興盛,不禁也讓我開始憧憬,台灣若也能有像 IMG 或納達爾這樣的網球學校該多好。

尤其在我受傷動手術時,開始思考自己不可能永遠一直站在球場上,未來能做些什麼?也思考當自己退下來後,接下來台灣的選手是否也能在世界網壇上有所表現?

台灣需要專業的網球環境

回顧二十年來,台灣確實沒有一個像樣的網球訓練中心,回到台灣集訓還要四處借球場,甚至要去借用河濱場地,並不是河濱球場不好,而是

周遭沒有任何配套的設施，連休息遮陽的地方都沒有。台灣在硬體設備與訓練的環境不完善是不爭的事實。我們不需要很華麗的地方，但需要一個專業的場地，讓選手可以隨時練習。

我相信很多選手如同我當年一樣，希望能更上一層樓，但他們目前多在學校的球隊，當訓練遇到瓶頸時，可能就要出國試試看，也有一些選手家長有計畫的在中學就花了大筆錢送他們出國栽培，但往往因為文化差異、飲食、語言等各方面的隔閡，最後事倍功半，沒有得到效果，還受到很大的打擊。也有更多選手有天份，但家境沒辦法讓他出國深造或訓練。

若台灣也能像歐美先進國家一樣，擁有優良的訓練場地、軟體跟團隊，能夠創建一個專業的網球訓練環境，選手們就不用離鄉背井，而可以在熟悉的環境中，以合宜的預算接受訓練，不會浪費自己的天份，也不用放棄追求夢想的機會。

創造平臺的一夫當關

我自己走過那段摸索的路，明白其中的艱辛，更希望能將比賽的經驗傳承給年輕人，讓他們不只是拚命練習，而是有人能協助他們發展自己的特色，學習各種方法，並應用在未來的網球生涯；培育更多優秀的網球選手到職業賽場上去拚搏，才是網球學校的責任與終極目標。

我想創造一個網球教育的平臺，除了讓更多國內選手獲益之外，當環境打造起來後，更希望能吸引國外選手、網球的專業人才聚集到台灣交流甚至常駐，就能帶來更多新技術與相關的機會。

台灣有許多先天優勢，在氣候上，即使秋冬也可以展開室外訓練，這對歐美選手有很大的吸引力；在地理位置上，也是選手前往澳網途中調適

時差的方便地點。若能讓各國選手到亞洲訓練或比賽時，腦海中會想到「台灣」，不但能讓台灣在國際網球地圖上占有一席之地，台灣選手在這樣環境的陶冶下，相信也可以培育出更多優秀的選手。

　　但一切的基礎在於一個完善的訓練基地，在我心中最理想的狀態是有不同的場地，有紅土、草地、硬地，甚至室內球場，可以涵蓋各種訓練，甚至大到可以辦比賽，讓在這裡訓練的選手直接就有主場的優勢。裡面的設備若能兼具健身房、室內跑道、防護室等，就是一個大型的訓練中心。但在現有的資源跟狀態下，只能盡量符合，並朝向小而美、小而精的概念執行，至少有個乾淨整齊的環境與符合比賽水準的球場。

寫到這裡，我覺得一定有人會說這不大可能，這太理想化了。我很喜歡納達爾說的一句話，他說「也許你現在看我的二十一座大滿貫冠軍是多麼遙不可及與不可能的一項紀錄，但是在我小時候看到山普拉斯拿十四座的時候，大家也講同樣的話。」我決定成為職業選手時，很多人也覺得台灣男子選手不可能成功，但我已經打了超過二十年，也寫下許多紀錄，這些紀錄都是為了被超越而存在。

所以，我們想要用行動影響所有人，用更正向的能量刺激這個我們已經待久的傳統環境並注入新活力，畢竟我是在台灣土生土長的選手，我的小有成就是吸取了台灣各界給我的支持與養分，現在我希望用專業與經驗回饋這片土地以及網球領域，這是飲水思源，更是責無旁貸。

當然這條路不會因為我們就變得簡單，也有可能我們以為的付出會是對整個環境的衝撞，也可能觸及體系與派系，從思維到作法都與固有的不同。從挑戰網球的傳統環境、場地的取得與整建，以及最實際的費用各面向，我可以想見這是一個非常大的挑戰，但只要是正向的改變，對選手是好的，我就不會放棄努力。

小時候，我打網球是為了在櫃子裡放上更多的獎盃，但現在我希望那些讓我贏得獎盃的經驗與專業可以傳承給年輕的選手、教練，甚至任何對網球有熱忱的人。

逐步實現的南北網球學院

網球學校設立是我們團隊共同的夢想，並且希望有南北網球學院的構想。其中最重要的是要找到場地，我們一開始是找公有場地，但多半已經租出去，而且都是單純網球場，沒有相關配套設施，所以後來轉往與學校合作，尤其是大學，除了球場，還有教室、宿舍、餐廳、健身房和多功能體育館等硬體可以運用。

2021 年年初，想起小時候跟彥勳參加長老教會運動會時，曾到真理室內球場打過。和真理大學陳奇銘校長討論過，獲得校長及董事會的支持，盧彥勳國際網球學院在 2021 年八月先簽署合作備忘錄，並於 2022年五月完成合約的簽署。我們將來會利用真理大學的三面室內球場及一面

室外球場培訓選手及推廣網球運動。

另外考量除了北部外，南部天氣更好且校地會更多。在臺大陳炳煇教授的牽線之下，又在立法委員林宜瑾委員的局間協調促成之下，長榮大學李泳龍校長也非常認同，並積極和我們就盧彥勳國際網球學院的想法討論。

目前長榮大學已著手規劃現有網球場之整修及規劃建置兩面紅土、七面風雨硬地之國際標準的網球場，並表示未來會盡全力提供盧彥勳國際網球學院相關學習資源。

真的感謝上帝的指引，兩所學校又剛好都是長老教會學校，感謝這段期間一起工作及幫助我們的師長及朋友們，我們也算邁入一段新的里程，接下來就是將整個計畫具體落實。

永續未來的接力賽

這是盧彥勳和對手一起走進最後一場比賽時的背影，

二十年來的奮戰，從那刻起，都將告一段落，

我們將要往下一段旅程邁進。

——盧威儒

平凡家庭 無憂童年

喜歡上網球的自我掌控感，喜歡揮拍打擊間的力度和速度，
一個總是讓老師覺得過於頑皮的孩子，就這樣踏上網球之路！

跟媽媽去玉山國家公園

幼稚園戶外活動

國小球隊去動物園

幼稚園上課照

幼稚園積木作品

幼稚園戶外教學

鋒芒初露 蓄勢待發

會運動的孩子不學壞，父母的支持成為盧彥勳能夠保有自己的興趣並發展，
而他在比賽中所顯現出的成績也讓父母發現了他的網球天份。

▌比賽獲獎後回家

▌歐巡和寄宿家庭合照

▌拿下 16 歲分齡賽冠軍

▍世青盃在廣島的比賽場

▍比賽獲獎後回修德國小

歐巡賽團體照

歐巡賽一起奮鬥的隊友

歐巡賽指導教練

▌20020421 昆明未來賽單打冠軍

▌2006 SONY 公司隊

▌7 月北京世界大學運動會銅牌

▌第一次參加溫布頓公開賽跟哥哥威儒合影

▌2004 澳洲卡倫德拉挑戰賽單打冠軍

▌盧彥勳第一次參加溫布頓公開賽，媽媽和哥哥也一起來會合

▌2002 美國紐約挑戰賽

貴人相助 勇往直前

父親突然過世的意外讓盧彥勳一度想放棄網球，
敬愛的師長和親密的家人扶助他走出陰霾，重新踏上舞台。

▌ 2017 澳洲公開賽李遠哲院長

▌ 2007 聖荷西公開賽對戰世界球王薩芬

▌ 2006 李院長榮退。（左一）盧彥勳修德國小
老師洪劉進；（中間）修德國小林東瀛校長。

▌ 趨勢科技活動現場。（右一、右二）創辦人張明正及陳怡蓁，（左一）執行長陳怡樺。

▍2006 英國女皇草地公開賽

▍澳洲公開賽留學生拿國旗幫盧彥勳加油

▍2004 溫布頓公開賽

▍2006 杜拜冬訓

▍2006 台灣加油隊

▍澳洲公開賽

企業相挺 廣告代言

沒有背景、缺少經費，讓盧彥勳的職業網球之路篳路襤褸，
企業贊助解決了他的燃眉之急，漂亮的戰績讓他贏得更多的目光和商業代言。

▌2010 趨勢科技記者會

▌2010 趨勢科技記者會

▌2010 adidas 廣告

▌2010 SAAB 簽約記者會

▌2012Discovery 拍宣傳

2009 壹周刊

2012 ORIS 手錶代言

參加張小燕主持的「百萬小學堂」

長榮航空

2010 哈根達斯

長榮航空

世界征戰 名將切磋

不論是三個星期內打十五場比賽，或是一個多月內跑遍四大洲，
為積分與排名一場接一場比賽，這就是職業網球選手的日常。

▍2015 寧波挑戰賽冠軍

▍2009 印帝安納波理斯

▍2008 女皇盃 3

▍2009 亞洲霍普曼盃

▍2009 亞洲霍普曼盃

▌ 2010 溫布頓　　　　　　　　　　　▌ 2010 北京公開賽

▌ 2010 北京公開賽　　　　　　　　　▌ 2012 新加坡挑戰賽冠軍

▌ 2012 溫布頓

▌2010 多倫多公開賽

▌2010 多倫多公開賽

▌2011 澳洲公開賽

▌2012 印帝安泉大師賽

▌2012 英國女皇盃

▌2012 溫布頓

▌2012 曼谷公開賽雙打冠軍

▋ 2016 寧波挑戰賽三連冠

▋ 2017 印度清奈公開賽

▌盧彥勳在 2017 年成都挑戰賽對上俄羅斯的選手伊夫尼・多斯科伊（Evgeny Donskoy），最終以
　六比三、六比四擊敗對手拿下冠軍。

▌盧彥勳與那達爾練球

▌盧彥勳和費德勒練球

▌2017 成都挑戰賽

▌2021 最後一次參加溫布頓

▎2021 最後一次參加溫布頓，盧彥勳的雙打搭擋

2021 最後一次參加溫布頓，和希臘名將斯特凡諾斯・西西帕斯（Stefanos Tsitsipas）兄弟練習雙打

▌2021 最後一次參加溫布頓和捷克教練史多克斯

▌2021 最後一次參加溫布頓和球王喬克維奇

五屆奧運 二十有成

二十年來，除了各大小職業賽事，每四年一次的奧運，盧彥勳場場報到，
退役之戰東京奧運，更是第一次由網球選手代表掌旗進場！

▌ 2004 雅典奧運開募

▌ 2004 雅典奧運開募

▌ 2004 雅典奧運開募

▌ 2008 年北京奧運跆拳銅牌宋玉麒。盧彥勳和他因一
同參加北京奧運而相識。

▌ 2008 北京奧運

▌ 2008 北京奧運參觀中華棒球代表隊比賽

▎2012 倫敦奧運

▎2012 倫敦奧運

| 2012 倫敦奧運

| 2012 倫敦奧運

| 2012 倫敦奧運

| 2012 倫敦奧運

2016 里約奧運

▍2016 里約奧運

▍2020 東奧參賽隊伍

▋ 奧運再見 - 大師兄舒特勒

▋ 奧運再見 - 日本西岡良仁

▎奧運再見 - 前世界球王穆雷

▎奧運再見 - 哈薩克選手庫庫斯金

■ 奧運再見 - 白俄斯選手伊格爾‧格拉西莫夫（Egor Gerasimov）

■ 奧運再見 - 俄羅斯選手安德烈‧魯布列夫（Andrey Rublev，目前世界排名第七）

網球學院 培育後進

未來盧彥勳想要用行動影響所有人，
用更正向的能量刺激這個我們已經待久的傳統環境並注入新活力。

淡江大學演講

彰師大的師生們

以演講推廣理念

彰師大演講行程

臺大演講

▌盧彥勳網球學院北部基地

▌長榮大學簽約

▌選手訓練

▌長榮大學冬季訓練

長榮大學的選手訓練

▌隨時瞭解選手的訓練狀況並討論溝通

攝影@高啟舜 KAOCHISHUN

Ciel

生於奮鬥
亞洲球王盧彥勳的 20 年網球之路

作　　者 ─ 盧彥勳、盧威儒
發 行 人 ─ 王春申
選書顧問 ─ 林桶法、陳建守
總 編 輯 ─ 張曉蕊
責任編輯 ─ 張曉蕊
協力編輯 ─ 翁靜如
文字整理 ─ 葛晶瑩
封面設計 ─ 萬勝安
內頁設計 ─ 林曉涵
攝　　影 ─ 高啟舜、蔡坤龍
營業部副理 ─ 蘇魯屏
業　　務 ─ 王建棠
行　　銷 ─ 張家舜
影　　音 ─ 謝宜華

出版發行 ─ 臺灣商務印書館股份有限公司
　　　　　23023 新北市新店區民權路 108-3 號 5 樓（同門市地址）
　　　　　電話：(02)8667-3712　傳真：(02)8667-3709　讀者服務專線：0800056193
　　　　　郵撥：0000165-1　E-mail：ecptw@cptw.com.tw
　　　　　網路書店網址：www.cptw.com.tw　Facebook：facebook.com.tw/ecptw
　　　　　局版北市業字第 993 號

初版一刷：2022 年 6 月　　定價：新台幣 490 元
初版 3.7 刷：2022 年 6 月

國家圖書館出版品預行編目 (CIP) 資料

生於奮鬥：亞洲球王盧彥勳的20年網球之路/盧彥勳,
盧威儒著. -- 初版. -- 新北市：臺灣商務印書館股份
有限公司, 2022.06
　面；　公分. -- (Ciel)
ISBN 978-957-05-3410-8(平裝)

1.CST: 盧彥勳 2.CST: 網球 3.CST: 運動員
4.CST: 臺灣傳記

528.953　　　　　　　　　　　　　　111004198

法律顧問：何一芃律師事務所